직장인을 위한
왓칭 수업

움직이는 서재 과거와 현재와 미래를 연결시키는 지식 창고

책과 함께 있다면 그곳이 어디이든 서재입니다.
집에서든, 지하철에서든, 카페에서든 좋은 책 한 권이 있다면 독자는 자신만의 서재를 꾸려서 지식의 탐험을 떠날 수 있습니다. 좋은 책이란, 시대와 세대를 초월해 지식과 감동을 대물림하고, 다양한 연령들의 소통을 가능케 하는 힘이 있습니다. 움직이는 서재는 공간의 한계, 시간의 장벽을 넘어선 독서 탐험의 동반자가 되겠습니다.

직장인을 위한

왓칭 수업

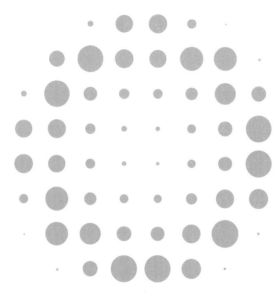

김상운 지음

내 상처를 치유할 권리

INTRO

자기계발서의 기원은

1859년 영국의 의사 출신 문필가였던

새뮤얼 스마일즈 Samuel Smiles 가 집필한

《자조론(self-help)》으로 봅니다.

시간대로 보면 1차 산업혁명이 일어난 지 100년쯤 이후인,

2차 산업혁명이 일어나기 시작한 때이지요.

이 시기에 지금 우리가 경험하고 있는

현대사회의 기본 구조가 만들어졌고

우리가 지금처럼 직장이라는 곳에서 일하며

돈을 버는 구조가 만들어졌습니다.

그런데 이 시기에 쓰여진 《자조론》에

다음과 같은 문구가 인용되어 있습니다.

칼에 죽은 육체보다
돈에 죽는 영혼이
더 많다.

직장이란 곳은
우리에게 꼭 필요한 곳입니다.
내가 할 일이 있고 내 자리가 있는
내게 너무나 소중한 곳입니다.

그런데 직장의 문을 들어서는 순간
우리는 상사, 부하직원, 고객,
거래처라는 이름으로
크고 작은 상처를 주고받습니다.

그래서 우리는
그곳에서 받은 상처를
스스로 치유하는 방법을 알아야 합니다.
왜냐하면
'실기' 위해 일하는 직장에서
'영혼이 죽어가도록' 방치해선
안 되기 때문입니다.

직장인에게
'왓칭'이
필요한 이유

직장인의 하루는
쳇바퀴 돌 듯 정신없이 흘러갑니다.
그리고 우리는 그 안에서 자주
'나 자신'을 잃어버리곤 합니다.
그러면서 그 이유가 쉼 없이 돌아가는 업무와
긴장되는 인간관계 때문이라 생각하여
불쑥불쑥 상처를 받습니다.

하지만 아이러니하게도
직장이라는 곳은

'나'를 잃어버리게도
'나'를 찾도록 할 수도
없습니다.

우리는 아주 어릴 때부터

성인이 될 때까지

똑같은 질문을 수없이 받습니다.

"커서 뭐 하고 싶어?"

"커서 뭐가 되고 싶어?"

그 질문의 대답을 생각하며

미래에 하고 싶은 일과

되고 싶은 사람을 상상합니다.

그러면서

나의 장래희망이 내가 갖고 싶은 직업을 넘어

그것이 곧 '나 자신'이라는 고정관념에

갇히게 됩니다.

직장인에게 '왓칭'이 필요한 이유는

이 고정관념 속에 묻힌

잃어버린 의미를 찾기 위해서입니다.

직장과 직업은 굉장히 소중한 나의 '일부'이지만

나의 '전부'는 아닙니다.

직업적 정체성은 나를 이루는

수많은 조각 중 하나일 뿐이지요.

하루의 대부분을 보내는 직장에서
직함과 업무로 정의된 내가
'나의 전부'라면

그 안에서 받은 상처는
회복하기 어려운 좌절처럼
여겨집니다.

하지만 '왓칭'을 통해

나의 직업을 넘어

'진정한 나'를 발견하고 분리하게 된다면

상처를 치유하는 것이

결코 어려운 일이 아닙니다.

그리고 그것은 다른 누구도 아닌

오로지 나 자신만이

내게 줄 수 있는

온전한 사랑입니다.

차례

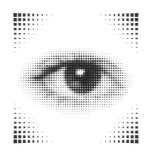

프롤로그

내 상처를 치유할 권리

–

우리는 왜 '왓칭'을 해야 하는가?

제 인생은 1막과 2막이 극명하게 구분됩니다. 1막은 '왓칭'을 알기 이전이고, 2막은 알고 난 이후입니다.

　1막 때의 저는 그저 괜찮은 직장에서 인정받는 직장인으로 살았습니다. 성과를 내는 재미 때문에 일중독증에 빠져 살기도 했지요. 깡촌 출신의 장남이었기에 어깨에 올려진 짐도 많았지만, 그 무게를 감당할 능력이 된다는 사실 하나만으로도 그 역할을 기쁘게 해낼 수 있었습니다. 그때 저는 나의 내면이 어떻게 생겼는지, 내가 어떤 사람인지 전혀 알지 못했습니다. 내 몸뚱이 하나가 나의 모든 것이라고 믿고 살았지요.

중년의 나이에 들어섰을 때 저는 가까운 두 분의 죽음을 지켜보게 되었습니다. 사랑을 많이 주셨던 할머니와 고된 농사일에 파묻혀 살았던 아버지가 연이어 세상을 뜨셨지요. 그런데 그 죽음은 평화롭지 않았고, 투병이라는 고통스런 과정의 마침표였습니다. 그때 저는 삶에 대한 근원적인 질문과 마주하게 됩니다. 세상의 많은 철학자가 한 번씩 던졌던 질문이었습니다.

‘나는 누구인가?’

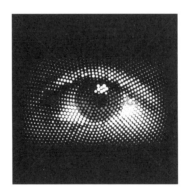

그 무렵
제 가슴을 강하게 치고 들어온 사람이 있었습니다.
아인슈타인이었습니다.

저는 특이하게도 근원적 질문에 대한 실마리를
철학이나 종교가 아닌 아인슈타인에게서 얻었습니다.
사진이 남아 있어서 다행인데 아인슈타인의 눈빛을 좀 보세요.

우주의 근원을 명상하는 눈빛입니다.

아인슈타인은 단지 과학자만이 아니있습니다.
그는 깊은 영성을 가진 사람이었습니다.

아인슈타인은 저를 '왓칭'의 세계로 이끌어준 스승입니다.

저는 그 무렵 양자물리학을 통해 '왓칭'이라는 것을 알게 되었고 그것을 꾸준히 실행하며 나의 내면에 얼마나 많은 상처가 자리 잡고 있는지를 알게 되었습니다. 그러면서 저의 왓칭은 점점 깊은 명상의 세계로 발전해 갔습니다.

명상이라고 해서 참선을 했다는 의미는 아닙니다. 저는 퇴근 후 밤마다 늘 1시간씩 걸으며 나의 내면을 깊게 바라보는 시간을 가졌습니다. 장소는 집 근처의 학교 운동장이었던 경우가 많았습니다. 그리고 그것은 경이롭고 강력한 치유의 힘이 있었습니다.

그때부터 저는 인생에서 많은 변화를 체험하게 됩니다. 상처가 치유되면서 시야가 점점 밝아져 마음속에 드나드는 생각을 바라볼 수 있게 되었습니다. 그러면서 부정적 감정에 빠지는 일이 사라졌습니다. 내성적인 성격도 바뀌었고 인생의 많은 두려움이 없어졌으며 그 자리에 평화가 깃들었습니다.

요즘 저는 생방송으로 진행되는 아침 라디오 뉴스를 전달하기 위해 매일 새벽 5시에 일어나 6시까지 출근합니다. 그러고는 지난 하루 사이 일어난 각종 사건사고를 정리해

청취자들에게 알리는 일을 합니다. 때로는 너무나 끔찍한 일들이 터져 나옵니다. 치유되지 못한 상처들이 타인에게 또 다른 상처를 안겨주는 거지요. 그런데 사실 그 모든 상처는 치유할 수 있는 것들입니다. 상처는 생각이 일으키는 것이고, 생각은 들여다보면 사라지기 때문입니다.

30년 넘게 직장생활을 하면서 직장이라는 데가 때론 전혀 의식하지 못하는 상태에서, 얼마나 많은 상처를 주고받는 곳인지 잘 알고 있습니다. 그렇지만 그 상처는 누가 따로 치유해주지 않습니다. 또 그럴 필요도 없습니다. 우리 스스로가 치유할 능력을 가지고 있기 때문입니다. 단지 우리가 '치유의 권리'를 행사하지 않을 따름이지요.

저는 왓칭을 시작하면서 손님이 찾아오거나 부서에 특별한 일만 없다면 혼자 점심을 먹는 경우가 많습니다. 내 마음을 들여다볼 시간이 필요하기 때문이지요. 점심을 혼자 먹게 되는 날은 산책을 할 수 있는 여유도 생깁니다. 지금도 거의 매일 30분 이상씩 걷기명상을 합니다. 벌써 7년째 이렇게 하고 있습니다. 구체적인 방법은 이렇습니다. 처음에는 몸을 풀어주는 명상입니다.

천천히 걸으면서 먼저 컴퓨터 화면에 지친 눈의 초점을 완전히 풀고, 눈 근육의 긴장도 완전히 풀어준다고 상상하는 겁니다. 눈은 사물에 초점을 맞추지 않고 앞에 보이는 넓은 공간을 멍하게 바라봅니다. 육안을 그냥 유리창이라 생각하는 겁니다. 그리고 육안으로 보지 않고 마음의 눈으로 넓은 공간을 바라본다고 상상하는 겁니다. 그러면서 얼굴과 목, 손, 팔, 어깨, 등, 가슴, 배, 다리, 발 근육의 긴장도 천천히 차례로 풀어줍니다. 걸으면서 팔다리의 움직임과 함께 근육의 긴장도 점점 풀린다고 상상하면 쉽습니다. 내 몸의 모든 부분이 제각기 넓은 공간으로 자유로이 흘러가도록 내맡긴다고 상상하면 더욱 좋습니다.

이렇게 몸의 긴장을 완전히 풀어놓은 채 걸으면 몸이 점점 열리면서 쌓였던 모든 스트레스가 모세혈관을 따라 바깥의 넓은 공간으로 빠져나갑니다. 또한 몸이 점점 따뜻해져 오는 것도 느낄 수 있습니다.

몸이 열리면 마음이 열리기도 쉬워집니다.

'내 마음속에 지금 어떤 생각이 떠다니고 있지?'

마음속을 들여다보는 순간 마음의 눈은 자동적으로 공간을 보게 됩니다. 육안은 사물을 보고 마음의 눈은 공간을 보는 원리입니다. 그러면서 공간을 가만히 들여다보세요. 공간에 어떤 생각이 떠 있을까요?

공간을 들여다보노라면 마음이 점점 고요해진다는 걸 느낄 수 있습니다. 시끄러운 생각으로 가득했던 마음이 공간의 고요한 주파수와 점점 동조되기 때문이지요. 들여다보면 들여다볼수록 공간은 점점 넓어집니다. 그러면서 마음은 아무것도 없는 백지가 되어갑니다. '무한한 공간이 바로 내 마음'이라는 사실을 자연스럽게 깨닫게 됩니다.

걷기명상의 핵심은
걸으면서 공간을 느껴보는 겁니다.

공간을 깊이 느끼면 느낄수록
고요한 주파수와 일치되면서 내 마음도 같이
고요해지는 원리입니다.

우리 마음속에 상처가 쌓이는 가장 큰 원인은 나를 둘러싼 무한한 공간에 무관심하기 때문입니다.

철학에서는 우리가 태어난 것을 우리의 의지와 상관없이 던져졌다 하여 '피투성'이라 말합니다. 던져진 존재라는 의미이지요.

그럼 우리는 대체 어디에 던져졌을까요. '3D의 공간'입니다. 3차원 공간에서 우리는 각자 자신의 몸속에 들어있는 분리된 존재라 인식하며 살아갑니다.

그러기에 모든 상처가
내 몸이라는 작은 공간 안에
자꾸 쌓여갈 수밖에 없는 것이지요.

하지만 '무한한 공간이 바로 내 마음'이라는
사실을 깨달으면 모든 상처를 내 몸 밖의 공간에
맘대로 풀어놓아줄 수 있게 됩니다.
무한한 공간은
어떤 상처든 가리지 않고 받아줄 만큼 끝이
없고, 자신의 것은 티끌만큼도 없이
고요하니까요.

직장에서 괴로웠던 일들이 자꾸만 떠오르나요?

걸으면서 눈앞 몇 미터 상공 일정한 크기의 공간이 '내 마음'이라고 상상합니다. 그리고 내 마음속의 모든 생각이 그 공간 속에 투사된다고 상상해봅니다. 왜냐하면 나의 생각은 늘 내가 상상하는 곳에 가 있게 되거든요.

'상사가 왜 자꾸 나를 괴롭히는 거지?'

이 생각이 그 공간 속에 떠 있다고 상상하는 겁니다. 그 생각을 가만히 바라보세요. 생각을 바라본다는 게 관념적으로 느껴진다면, '상사가 나를 괴롭힌다'라는 글자를 공간에 띄워놓고 바라봐도 됩니다. 생각이나 글자나 마찬가지거든요. 왜냐하면 글자에도 생각이 담기니까요. 생각을 사람이 품고 있을 수도 있지만 글자가 품고 있을 수도 있는 겁니다. 생각이나 글자를 공간 속에 띄워놓고 바라보면 나와 쉽게 분리되지요. 그 이유는 생각과 나 사이에 공간, 즉 거리가 생기기 때문입니다.

생각은 공간에 오래 띄워놓고 바라볼수록 쉽게 사라집니다. 공간의 고요한 주파수와 동조되는 시간이 길어지기 때문이지요.

무엇이든 좋은 것은 체험하고 나면 자꾸 권하게 되는 게 사람 사는 이치인 모양입니다. 저 역시 매번 그러한 담백한 마음으로 책을 씁니다.

많은 사람이 격한 감정을 다루지 못해 힘들어합니다. 그 감정은 마음속의 상처입니다. '나 좀 치유해줘!'라는 외침이지요. 그동안 없던 상처가 새롭게 생겼다면, 다시 원래의 없던 상태로 되돌아갈 수 있습니다. 누구나 치유능력이 있다는 의미이지요.

치유의 힘을 갖고 찾아온 '왓칭'이 제게 평화를 선사했듯, 여러분도 여러분이 마땅히 지니고 있는 '치유의 권리'를 행사해 마음의 평화를 찾길 바랍니다.

수업을 시작하기 전에

: 3개의 이야기 속에 들어있는
'왓칭'의 기본 원리

친숙한 이야기부터 시작하려 합니다.

일본 아오모리현은 사과로 유명합니다. 일본에서 생산되는 사과의 절반 정도가 아오모리현에서 나온다고 해요. 우리나라에서 흔히 '아오리 사과'라고 부르는 품종이 있는데 바로 이 사과가 아오모리현에서 만들어진 것입니다.

1991년에 촬영한 일본 아오모리현의 사과 농장

1991년 아오모리현에 엄청난 자연재해가 왔습니다. 태풍이 몰아쳐서 한 마을 전체 사과의 90%가 떨어졌지요. 마을 사람들은 떨어진 사과를 바라보며 가슴을 쳤습니다.

"아이고, 1년 농사를 완전히 망쳤어!"

하지만 한 농부는 땅에 떨어진 사과를 바라보며 가슴을 치는 대신, 아직 나무에 매달린 10%의 사과를 바라보았습니다.

'그 엄청난 태풍에도 떨어지지 않은 사과가 있다니, 참 대단한 사과야!'

그런데 태풍에도 끄떡없이 버텨준 그 사과를 바라보고 있노라니 섬광처럼 빛나는 아이디어가 떠올랐어요.

'맞아! 저건 시험에도 떨어지지 않는 합격사과야!'

농부는 합격사과를 팔기 시작했고, 입시를 앞두고 사람들은 10배의 가격을 주고 이 사과를 사 갔습니다.

1991년 이후 히트 상품으로
자리 잡은 '합격사과'

떨어진 사과만 바라보면 마음속에 절망스런 생각이 가득 차오릅니다. 그럼 아무것도 할 수 없는 것처럼 느껴지지요. 하지만 아직 붙어있는 사과를 바라보면 희망을 발견할 수 있습니다. 그럼 현실도 같이 밝아지지요.

내가 모든 것을 어떻게 바라보느냐에 따라 마음속의 생각이 달라지고, 또 내 생각이 달라지면 현실도 달라진다는 것이 '왓칭'의 기본 원리입니다.

이 원리를 아래 그림으로 이해해 봅시다.

아가씨의 옆얼굴로 보면 할머니가 안 보이고 할머니의 얼굴로 보면 아가씨가 안 보인다.

이 그림이 어떻게 보이나요? 아가씨로 보이나요? 아니면 할머니로 보이나요? 그림을 아가씨로 보면 할머니는 보이지 않아요. 그렇다고 할머니가 완전히 사라진 건 아닙니다. 마음속의 생각으로 숨어있다가 할머니로 바라보는 순간 할머니라는 현실로 깜짝 등장해요. 대신 아가씨는 마음속의 생각으로 숨어버립니다.

모든 상황에는 반드시 양면이 있습니다. 불행을 돌려보면 행복이 숨어있습니다. 절망을 돌려보면 희망이 숨어있습니다. 상처를 돌려보면 치유가 숨어있습니다. 하지만 우리는 어느 한 가지 면만 바라보고 거기에 집착해 파묻혀 버리지요.

시야를 넓혀 전체를 바라보면 시각이 달라지고, 시각이 달라지면 생각이 달라진다는 간단한 사실을 까맣게 모르는 겁니다.

1982년 12월 4일, 호주에서 팔다리가 모두 없는 남자아이가 태어났습니다. 몸통에 붙어 있는 것이라곤 왼쪽 엉덩이 끝에 자리한 닭발 같은 작은 발이 전부였어요. 그나마 그 발의 발가락마저 두 개뿐이었습니다. 그래서 그 아기를 본 사람은 모두 혀를 끌끌 찼습니다.

"저 아기는 얼마나 살 수 있을까? 만약 생명을 부지한다 해도 아무것도 할 수 없으니 어떻게 살까? 쯧쯧 안 됐어."

당연하게도 그 아이는 처음엔 아무것도 혼자서 할 수 없었습니다. 하지만 부모는 아이에게 할 수 없는 건 바라보지 말고, 할 수 있는 것만 바라보도록 교육시켰습니다. 그러자 아이가 할 수 있는 일이 점점 늘어나기 시작했습니다.

닭발 같은 작은 발로 글씨도 쓰고, 이도 닦고, 밥도 먹고, 컴퓨터도 할 수 있게 됐습니다. 나중엔 수영도 하고 서핑도 하고 골프도 칠 수 있게 됐지요. 아름다운 아내를 만나 두 아들도 두었습니다. 그리고 지금은 동기부여 강사로서 전 세계를 다니며 희망을 전파하고 있습니다. 2010년에 우리나라에도 다녀갔지요. 많은 사람이 잘 알고 있는 닉 부이치치Nick Vujicic의 이야기입니다.

내가 할 수 있는 것에 초점을 맞춰 바라보면 할 수 있다는 생각이 점점 더 커집니다. 그럼 할 수 있는 것이 점점 더 늘어나요. 거꾸로 내가 할 수 없는 것에만 초점을 맞춰 바

전 세계를 돌아다니며 동기부여에
대한 강연을 하는 닉 부이치치.

라보면 할 수 없다는 생각이 점점 더 커지지요. 그래서 나
중엔 할 수 있는 게 아무것도 없어져요.

　생각도 에너지의 물결이라 주파수가 있습니다. '할 수 있
다'는 생각은 '할 수 있다'는 생각을 점점 더 끌어들이고 '할
수 없다'는 생각은 '할 수 없다'는 생각을 점점 더 끌어들입
니다. 이렇게 커지는 생각이 현실로 굳어지는 거지요.

세 번째는 제 이야기입니다.

방송국 초보 기자 시절, 그때는 컴퓨터가 널리 보급되지 않아 모든 기사를 원고지에 썼습니다. 그런데 한 선배가 빨간 볼펜을 집어 들더니 대뜸 제가 쓴 원고지에 대각선으로 큰 X자를 긋는 거 아니겠습니까?

"이건 영어식 기사야. 우리말 기사는 이렇게 안 써!"

요즘 식으로 표현하자면 완전 '헐!'이지요. 그런데 '이건 영어식'이라는 말을 한 걸 보니 아마도 제가 영어를 잘한다는 소문이 거슬렸나 봅니다. 지금이야 원어민 수준의 기자들이 많지만 그때만 해도 영어 잘하는 기자가 그리 많지 않았거든요. 어쩌면 촌티 줄줄 흐르고 어수룩해 보였던 제가 회사 영어시험에서 1등을 했다는 사실이, 엘리트 의식 강했던 그 선배의 자존심을 건드린 것인지도 모르겠습니다.

어쨌든 그 선배는 유난히도 저를 싫어했습니다. 다른 후배 기자들과는 반갑게 말을 주고받으면서 제가 인사를 하면 못 본 척하곤 했지요. 아마도 저를 투명인간 취급하고 싶었나 봐요. 하지만 그럴수록 저는 열심히 일했습니다. 덕분에 몇 년 지나자 회사에서 인정받는 기자가 될 수 있었어요. 그러자 그 선배는 더욱 저를 싫어했습니다.

한 번은 제가 쓴 기사를 보더니 이렇게 말하는 거예요.

"이거 어디서 보고 베꼈는지 모르겠지만 제대로 베낀 것도 아니고 완전 엉터리로 베꼈어."

저로선 기가 막힐 일이었지요. 열심히 취재해 작성한 기사를 베낀 거라니요? 하지만 아랑곳하지 않고 저는 더 열심히 일했습니다. 그리고 제가 열심히 일할수록 그 선배는 저를 더 미워했고요.

악연은 계속되었습니다. 제가 워싱턴 특파원으로 일할 때 공교롭게도 그 선배가 제 후임자로 워싱턴에 오게 되었어요. 보통 임무 교대 기간은 2주인데 그 선배는 무려 한 달 전에 왔지요. 저더러 앞당겨 한국에 돌아가라는 노골적인 압박이었던 겁니다. 그런 압박을 주면서 오자마자 딱 한다는 소리가 기가 찰 말이었어요.

"네가 열심히 취재해서 기사를 써놔. 방송은 내가 할 테니까."

세상에! 힘든 일은 제가 뒤에서 다하고, 자신은 TV에 얼굴을 내밀고 생색을 내겠다니요. 하지만 어쩌겠습니까? 위계질서가 엄격한 기자 사회였고 저 또한 소심한 성격이었기에 선배와 맞짱을 뜨진 못했지요.

저도 처음에는 저를 괴롭히는 그 선배를 똑같이 싫어하기만 했습니다. 목소리만 들어도 얼굴이 찌푸려질 정도였어요. 그런데 그렇게 지내는 게 여간 불편하지 않았어요. 그래서 관점을 바꿔보기로 했지요. 그 선배가 나와는 잘 맞지 않았지만, 회사의 인정을 받고 있는 사람이기에 선배의 장점이 무엇인지 찾아보았어요. 그 선배에게서 제가 배울 점을 건져낼 수 있는지 찾아보기로 한 겁니다.

우선 그동안 그 선배가 쓴 기사들을 꼼꼼히 살펴보았습니다. 받아들이기는 마음이 좀 불편했지만 대체로 선배의 기사는 간결하고 명확하게 잘 쓴 기사였어요. 또한 방송으로 나갈 때 멘트 전달도 확실했지요. 방송 기자로선 정말 배울 점이 있었던 겁니다. 저에게 비판과 비난을 보내던 모습이 그 선배의 전부가 아니라는 것도 깨닫게 됐고요.

이를 계기로 저는 저를 돌아보게 됐습니다. 그때부터 다른 선배들이 쓴 기사들도 연구하기 시작했고 그러면서 초보 시절 선배가 내 기사에 X자 표시를 했던 것은 과한 행동이었지만, 나름의 이유가 있었다는 생각도 하게 됐습니다.

사실 그때 저는 어쩌면 한글 표현보다 영어 표현에 더 익숙해 있던 시기였습니다. 모든 걸 제쳐두고 영어 공부에 몰입해 있던 때였거든요. 이후 저는 글쓰기에 관심을 더 기울이게 되었고, 그 노력이 쌓여 단지 기자에 머무르는 것이 아니라 책을 여러 권 집필한 작가가 되었습니다.

남의 비난을 단지 나에 대한 공격으로 바라보면 나는 피해자가 됩니다. 반면 생각을 바꾸어 남의 비난 속에서 나의 성장에 도움이 될 만한 진실의 알갱이들을 찾아내겠다는 시각으로 바라보면 성장이 이루어지지요.
바라보는 시각을 바꾸면 생각이 바뀌고, 생각이 바뀌면 현실이 바뀝니다. 이 불변의 진실이 바로 '왓칭'입니다.

직장은 생존의 싸움터라 온갖 인간관계의 갈등이 내재된 지뢰밭이기도 합니다. 특히 상사와 갈등이 생기면 하루하루가 지옥이지요. 그래서 직장인들은 늘 두렵고 불안해요. 나도 모르게 마음을 닫아버리게 되고 나만의 시각에 갇혀버리게 됩니다.

왓칭은 닫힌 마음을 열고 나만의 시각에서 벗어나게 해줍니다. 갈등의 원인이 바깥에 있는 게 아니라 내 마음속에 있다는 사실을 깨닫게 하지요. 갈등의 원인이 바깥에 있다고 여기면 남들의 눈치를 보게 되고 이리저리 휘둘리며 살게 될 수밖에 없어요. 거꾸로 갈등의 원인이 내 마음속에 있다는 사실을 깨달으면 남에게 휘둘릴 일이 사라져요. '내 인생의 주인은 나'라는 사실을 확인하게 되는 거지요. 참다운 자유인이 되는 겁니다.

1강

——

'왓칭'의 과학적 근거는
양자물리학

왓칭을 통해 현실이 바뀌는 현상은 정교한 학문인 과학으로 명확하게 설명됩니다. 먼저 이런 질문에서부터 출발해 봅시다.

'만물은 무엇으로 만들어져 있을까?'

우리 몸을 쪼개고 쪼개서 더 이상 쪼갤 수 없을 때까지 쪼개면 뭐가 나올까요?

미립자가 나옵니다.

우리가 먹는 밥을 쪼개고 쪼개서 더 이상 쪼갤 수 없을 때까지 쪼개면? 역시 미립자가 나옵니다.

그럼 우리의 생각이 담긴 뇌파를 더 이상 쪼갤 수 없을 때까지 쪼개면? 그것도 역시 미립자예요. 눈에 보이는 것이든 안 보이는 것이든, 만물의 최소 구성 물질은 모두 다 미립자지요.

다시 말해 우주가 몽땅 흙으로

만들어져 있다면

미립자는 가장 작은 흙먼지인 셈입니다.

그럼 이 흙먼지,

즉 미립자의 정체는 뭘까요?

미립자의 정체를 파악하기 위해 미립자들을 어마어마하게 부풀려 야구공만 하게 커졌다고 상상해봅시다.

그런 다음 실험실에서 자동발사기에 장전시킨 후 그 야구공을 하나씩 발사시키는 거예요.

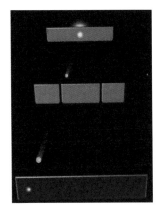

누군가가 바라보면 알갱이들이 두 슬릿을 각각 직선으로 하나씩 통과해 벽면에 알갱이 자국을 남긴다.

그림을 보게 되면, 중간의 벽에는 두 군데의 슬릿(slit, 가늘고 긴 틈)이 뚫려 있어요. 여러분은 거기를 향해 조금 전 자동발사기에 장전시킨 미립자들을 발사합니다. 그럼 미립자들이 하나씩 직선으로 날아가 두 슬릿 중 한 곳을 통과하고 그 뒤에 벽면에 부딪혀 알갱이 자국을 남겨요. 자연히 여러분은 이렇게 투덜거릴지도 몰라요.

"뭐 하나도 신기하지 않네. 뻥 뚫린 구멍으로 야구공을 던지는 것과 뭐가 달라?"

하지만 잠시 지금의 장소에서 벗어나 다른 곳에 갔다 오면 상황은 달라집니다.

이를테면 주방에 가서 냉장고에 넣어 둔 탄산수를 마시고 돌아왔을 때면, 상황이 달라진다는 뜻입니다. 시원한 물 한잔을 마신 후 다시 실험실에 돌아온 다음에 여러분은 소스라치게 놀라게 됩니다.

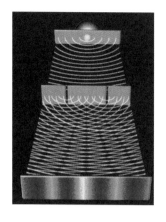

아무도 바라보지 않으면
알갱이가 물결처럼 두 슬릿을 동시에 통과해
벽면에 물결 자국을 남긴다.

"아니, 이게 뭐지? 벽면에 알갱이가 아니라 물결 자국들
이 나 있네?"

여러분이 바라보지 않는 사이에 자동으로 발사된 미립자
들은 알갱이가 아니라 물결로 돌변해 두 슬릿을 통과한 것
입니다. 따라서 슬릿 뒤의 벽면에는 알갱이 자국들이 아니
라 여러 개의 물결이 서로 간섭하면서 만들어낸 자국이 남
은 거지요.

"미립자들이 미친 건가? 아님 귀신에 홀린 건가? 내가 바
라보고 있으면 미립자가 직선으로 날아가 알갱이 자국을
남기고, 바라보지 않으면 물결처럼 퍼져 나가 물결 자국을

남기다니…"

　어떻게 이런 불가사의한 일이 일어날까요?

　실험실에서 미립자가 발사되는 걸 바라보는 순간 여러분의 마음속엔 어떤 생각이 들어있나요? '저건 고체 알갱이야'라는 생각이 들어있을 겁니다. '미립자는 고체 알갱이'라는 생각이 들어있었기 때문에 그 생각대로 고체 알갱이가 나타난 거지요. 하지만 여러분이 미립자가 발사되는 걸 바라보지 않는 순간, 즉 마음속에 미립자에 대한 아무 생각이 없는 순간엔 어떻게 되나요? 미립자는 눈에 안 보이는 물결로 퍼져나갑니다.

　'미립자가 내 마음속의 생각을 읽고 깜짝 변신하다니!'

　이처럼 미립자는 마음속의 생각을 족집게처럼 정확히 읽고 그 생각을 거울처럼 현실로 투사시켜줍니다. 여러분이 '저건 고체 알갱이야'라는 생각을 품고 바라보면 고체 알갱이가 눈앞의 현실로 나타나고, 아무 생각도 품고 있지 않으면 눈에 안 보이는 물결로 퍼져나가지요. 이렇게 물결로 퍼져나가면서 없어지는 건 물론 아닙니다. 단지 눈에 안 보이는 물결로 잠재해 있다가 여러분이 생각을 품는 순간 고체 알갱이로 깜짝 변신해 모습을 드러내는 것뿐이에요.

이런 현상을 양자물리학자들은 '관찰자 효과(observer effect)'라고 부릅니다. '왓칭(watching)'도 '관찰(observation)'과 동의어지요.

지금 제가 소개한 실험은 지난 100년간 세계 최고의 물리학자들이 수없이 실시해온 이중슬릿 실험(double-slit experiment)이라는 거예요. 과학 사상 가장 유명한 실험이지요. 이 실험은 여러분의 눈앞에 펼쳐진 현실이 바로 여러분 마음속의 생각을 그대로 비춰준다는 사실을 명확히 말해 주고 있어요.

마음속의 생각은 고스란히 현실로 투사됩니다.

여기서 마음이란 잠재의식까지

포함한 마음이에요.

그래서 현실을 잘 살펴보면 마음속 아주 깊은 곳에 어떤 생각이

도사리고 있는지도 알 수 있어요.

만일 현실이 상처로 가득하다면 마음속에 상처가 가득한 것입니다. 만일 현실이 웃음으로 가득하다면 마음속에 웃음이 가득한 거예요. 현실은 마음을 비춰주는 거울입니다. 이 실험에 대해 관심이 생긴다면 구글 동영상 사이트에 들어가 'observer effect'를 검색해 보세요. 실험 과정을 자세히 볼 수 있습니다.

여러분이 여기까지 무리 없이 따라왔다면 이런 의문이 들 수 있어요.

'그런데 고체인 미립자가 어떻게 물결로 퍼져나갈 수 있는 거지?'

우리가 미립자라고 부르는 것은 사실 빛 알갱이입니다. 그래서 빛의 물결로 퍼져나가는 거예요. 우주는 온통 빛 알갱이들로 가득합니다. 광활한 우주의 공간에 내 마음속 모든 생각을 죄다 물질로 깜짝 둔갑시켜주는 요술 알갱이들이 가득하다고 상상해보세요. 너무나 황홀하지 않나요?

이런 기적은 사실 수천 년 전부터 이미 일어나고 있었습니다. 그래서 부처님은 "커다란 산 하나를 금으로 만드는 건 아주 쉬운 일이다. 단지 그것은 진리가 아닐 뿐이다"
라고 했습니다. 또 예수님은 떡 다섯 개와 물고기 두 마리
로 5,000명을 먹이는 기적을 일으켰지요.

예수님과 부처님, 이 두 분은 어떻게 자신들이 바라보는
대로 물질을 창조하는 능력을 갖게 되었던 걸까요?

우주는 사람에 따라 다른 원리로 돌아가지 않습니다. 언
제나, 누구에게나 똑같은 원리에 따라 돌아갑니다. 마음속
에 들어있는 생각을 거울처럼 물질로 투사시켜주는 거지
요. 그럼 당장 이런 생각이 드실 겁니다.

'왜 난 안 되지? 1억 원을 손에 쥐고 싶다는 생각을 하는
데, 왜 그 생각대로 1억 원이 지금 당장 내 눈앞에 안 나타
나는 거냐고?'

그건 마음 깊은 곳에 너무나 많은 생각이 도사리고 있기
때문이에요. 가만히 마음속을 들여다보세요. 얼마나 많은
생각이 숨어있나요? 죄책감, 의심, 수치심, 슬픔, 절망, 외로
움, 나태함, 열등감, 우월감, 욕심, 과시욕, 권력욕, 물욕, 성
욕, 증오, 분노, 집착, 비교하는 생각, 경쟁심, 잡념… 이 모

든 생각으로 인해 남에게 상처를 주기도 하고 상처를 받기도 합니다. 그래서 우리 마음속에는 상처가 가득해요.

여러분의 두뇌가 모르는 잠재의식 속에는 더 많은 생각이 이미지로 깔려있어요. 이 모든 생각이 마음속에서 각기 "제발 이 생각 좀 현실로 나타나게 해줘!"라고 아우성친다고 상상해보세요. 현실이 꿈쩍도 하지 않을 수밖에 없는 거지요. 그러니 내가 갑자기 '1억 원을 손에 쥐고 싶다'고 생각한다고 해서 그 생각이 요술처럼 깜짝 등장하는 건 아닙니다.

예수님이나 부처님이 우주를 훤히 들여다보고 현실로 마음대로 바꿀 수 있었던 것은 마음속에 아무런 생각이 깔려있지 않았기 때문입니다.

마음이 텅 비어있으면 현실도 텅 비어있어서 어떤 생각을 품는 순간 마법처럼 현실로 나타나는 거지요.

'생각=에너지'

아인슈타인은 이 세상에 존재하는 모든 것은 생각이 만들어내는 에너지의 흐름이라는 사실을 발견했습니다. 사람도, 나무도, 건물도 세월이 흐르면서 늙어가지 않습니까? 그런데 모든 에너지는 진동하기 때문에 각기 고유의 주파수가 있어요. 모든 에너지는 생각의 산물입니다. 그래서 생각을 바꾸면 에너지의 흐름도 바뀌는 것이지요.

'생각=에너지'이기 때문에 모든 생각마다 고유의 주파수가 있습니다.

내 마음속에 상처를 주고받는 생각이 도사리고 있으면 실제로 상처를 주고받게 돼요. 내가 품은 생각과 같은 주파수의 생각을 품은 사람들을 끌어당기는 겁니다.

관찰자 효과는 늘 정교한 규칙에 따라 나타나요. 여러분의 잠재의식 깊은 곳에 저장된 생각까지 훤히 읽고 바로 그 생각을 현실로 나타내주는 거예요.

예컨대 술주정이 심한 아버지 밑에서 자란 여자아이는 나중에 커서 술주정이 심한 남편을 만나게 되는 경우가 참

많아요. '난 술주정하는 남자는 정말 지긋지긋해!' 하며 술 마시는 남자가 싫다는 생각을 마음속에 꽉꽉 짓눌러놓거든요. 그 생각들이 잠재의식 속에 이미지로 저장돼 있다가 나중에 눈앞의 현실로 나타나는 거지요.

또 책임감이 아주 강한 사람은 무책임한 배우자를 만날 확률이 무척 높습니다. '난 무책임한 건 정말 싫어!' 하며 무책임한 생각들을 마음속에 구겨 넣기 때문이지요. 그럼 그 부정적 생각들이 역시 잠재의식 속에 부정적 이미지로 저장돼 있다가 현실로 등장하는 거지요.

화를 참기만 하는 사람도 마찬가지예요. 화를 꾹꾹 짓눌러놓으면 그 화가 어디로 갈까요? 바로 그 사람의 마음속에 갇혀버립니다. 그럼 잠재의식 속에 깊이 저장돼 있다가 몸속의 병이라는 현실로 나타나든지, 아니면 화를 잘 내는 사람을 끌어당기게 됩니다. '난 절대로 엄마처럼 살지 않을 거야'라는 생각을 억눌러놓고 자란 딸은 나중에 자신이 엄마처럼 사는 모습을 발견하고 질겁하게 됩니다.

여러분의 눈앞에 펼쳐지는 현실은 바로 마음속에 숨어있는 생각들입니다. 모든 생각에는 각기 저마다의 주파수가 있고 그 주파수끼리 서로를 끌어당기기 때문입니다.

상처받을 일이 자꾸 터져 나온다면 내 마음속에 상처가 많이 들어있다는 뜻입니다. 눈앞의 현실이 자꾸만 부정적으로 펼쳐진다면 그것 역시 잠재의식 속에 부정적 생각이 많이 저장되어 있기 때문입니다. 상처를 치유하고 부정적 생각을 털어내는 일을 우리가 부지런히 해야 하는 이유가 바로 그 때문입니다.

2강

내 현실은 내 마음의
공간에서 상영되는 영화

한 후배 여직원이 직장 동료와 결혼했다가 몇 년 만에 파경을 맞았어요. 서로 원수처럼 헤어진 건 아니지만, 한 직장에서 마주치는 게 너무 어색하게 느껴졌습니다. 가급적 얼굴 마주칠 일을 피해가며 그런대로 몇 년이 더 흘러갔지요. 그런데 이번에는 공교롭게도 같은 부서에서 일하게 됐지 뭡니까?

"국장님, 이 불편한 마음을 어떻게 해야 하죠? 하루 이틀도 아니고."

부부였던 사람들이 헤어진 뒤 마주치면 왜 불편하게 느끼는 걸까요?

"저를 속속들이 잘 아는 사람이 저를 지켜보면 마치 벌거벗겨진 것 같아요."

그럴 수도 있을 것 같습니다. 그런데 궁금하지 않습니까? 단 한 순간만 떨어져 있어도 못 견딜 만큼 서로 깊이 사랑한다고 확신했던 두 사람이에요. 그리고 관계도 이미 정리했어요. 그런데 왜 마주치는 것마저 그토록 불편하게 느끼는 걸까요? 그것도 원수처럼 헤어진 것도 아닌데 말이에요.

그 이유는 이렇습니다. 서로에 대한 사랑의 감정은 원래
는 존재하지 않았어요. 그런데 가까워지면서 생겨났지요.
어디서 생겨났나요? 맞아요. 마음속에서 생겨났어요. 그러
다가 사랑의 감정은 이미 흘러갔고, 불편한 감정으로 바뀐
겁니다. 불편한 감정도 언젠가는 마찬가지로 흘러가다가
마음속으로 사라져버릴 거예요. 이렇게 흘러가는 감정은
누가 만들어내는 건가요? 그래요. 생각이 만들어냅니다.

'난 저 사람을 사랑해'라는 생각이 사랑의 감정을, '난 저
사람이 불편해'라는 생각이 불편한 감정을 만들어냅니다.
생각이 감정을 만들어내고, 감정이 생각에 기름을 부으면
서 불편한 감정은 점점 더 거세게 흘러갑니다. 그리고 시간
이 흐르면 없어지리라 여기고 시간에 맡겨보지만 세월이
흘러도 그 불편한 감정은 없어지지 않고, 어느 구석에 자리
를 잡고 있다가 상대를 만나면 다시 몸집을 키우며 꿈틀거
리는 거지요. 그래서 마침내 서로 얼굴을 마주보는 것조차
어렵게 되는 겁니다.

이 모든 게 마음속에서 생각이 만들어내는 감정 에너지
의 흐름이에요. 감정이란 아무것도 없는 마음의 공간에서

태어나 잠시 흘러가다가 다시 마음의 공간으로 사라지는 겁니다. 그렇다면 사람의 몸은 어떨까요?

아인슈타인은 사람의 몸도 에너지라 했어요.
그렇다면 사람의 몸도 감정 에너지처럼
마음의 공간에서 태어나 흘러가다가
마음의 공간으로 사라지는 걸까요?

"따르릉~."

저는 새벽 5시 자명종 소리와 함께 일어나 부지런히 챙기고 6시까지 출근을 해요. 아침 8시 라디오 뉴스 프로인 〈뉴스의 광장〉의 앵커를 맡으면서부터 그렇게 됐지요. 방송국에선 아침 생방송을 하는 사람들을 위해 회사 차를 보내줍니다. 회사 차가 5시 반에 맞춰 오기 때문에 5시엔 일어나야 하지요.

어느 날 출근길에 저는 특별한 발견을 했어요. 지난 15년 동안 거의 지하철을 타고 출근했기 때문에 미처 못 느꼈던 일인지도 모릅니다.

회사 차로 출근하던 어느 날이었어요. 차창 밖으로 스쳐가는 장면들이 마치 영화처럼 느껴지는 것이었어요. '아, 영화 같구나!'라는 생각을 몇 번 반복해서 하다 보니 의문이 들었습니다.

'왜 저 장면들이 영화처럼 느껴질까?'

구체적으로 설명하자면 공간은 정지되어 있고,

정지된 공간 속에서

각 장면이 내게 다가온다는 느낌이었어요.

정말 이상했지요.

그래서 가만히 생각해보았습니다.

영화 속의 장면들은 정지된 스크린 속에서

끊임없이 흘러가잖아요?

그런데 차창 밖의 장면들도 영화처럼 끝없이 흘러간다고

느껴지는 거예요.

오늘 아침 10시에 상영하는

1회 영화를 보고 있다고 가정해 봅시다.

그런데 이미 흘러간 영화 장면은

다음 2회 때 다시 들어와서 봐야지

지금 다시 돌려볼 수는 없어요.

그런데 제가 차창 밖으로 본 장면들도

마찬가지라는 거죠.

다시 볼 수 없는 장면들이었어요.

지금 이 순간 제가 바라보는 가로수는

어제의 가로수가 아닙니다.

어제보다 하루 더 나이가 들었거든요.

이미 많은 세포가 죽었고, 새로운 세포가 생겼습니다.

오늘 나무가 흙에서 빨아들이는 물도

어제와 다른 물이지요.

오늘 나뭇잎들이 호흡하는 공기도

어제와 다른 공기입니다.

건물도, 공원도, 거리도 어제의 공원이 아니었어요.

'차창 밖으로 보이는 장면이

정말 영화처럼 흘러가는 것이 맞구나!'

저는 순간 벼락같은 깨달음을 얻었지요.

그렇다면 내 몸은 어떨까요? 내 몸속에서는 매초 천만 개의 세포가 죽고, 천만 개의 세포가 새로 태어납니다. 특히 췌장 세포는 하루 만에 거의 모두 새로 만들어져요. 위벽 세포들은 나흘마다 완전히 바뀌지요. 피부는 한 달마다, 뼈는 석 달마다 완전히 새로 탈바꿈해요. 뇌세포를 포함한 내 몸 전체는 적어도 2년마다 완전히 새로운 세포로 물갈이합니다. 내 몸은 마치 아주 느린 강물처럼 아주 조금씩 흘러가는 거지요.

그뿐인가요? 나는 어제와 다른 물을 마시고, 다른 음식을 먹고, 다른 공기를 호흡합니다. 어떤 낯선 사람이 20년 전의 제 사진을 봤다고 칩시다. 그 사진만 보고 지금의 나를 알아볼 수 있을까요? 머리털도 많이 빠졌고, 얼굴은 살도 빠진 데다 주름살까지 생겼습니다. 과거의 나는 지금의 내가 아닙니다. 과거의 나를 지금 육안으로 보거나 손으로 만질 수 있나요? 나 자신도 매순간 영화처럼 흘러가고 있습니다.

그렇다면 만물은 왜 영화처럼 흘러갈까요?

'친구 얼굴'을 생각해보세요. 그 순간 뭐가 떠오르나요? 맞아요. 친구의 얼굴이 상(이미지)으로 떠오릅니다. 그렇다면 이번엔 '친구와 재밌게 얘기하는 모습들'을 연속적으로 생각해보세요. 재밌게 얘기하는 모습들이 연속적인 상(이미지)으로 떠올라요. 즉 생각이 연속적으로 꼬리를 물면 상(이미지)도 꼬리를 무는 겁니다. 그래서 영화가 돼요.

사람은 하루 24시간 내내 끊임없이 생각합니다. 그래서 24시간 내내 상영되는 영화를 보게 되는 거예요. 영화 속의 등장인물로 영화 속에서 사는 거지요.

정말 영화의 원리와 똑같지 않습니까? 영화관에 가면 무대 위에 커다란 스크린이 있지요.

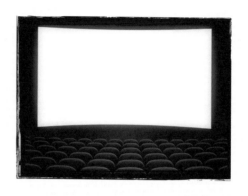

　　스크린은 그냥 텅 빈 하얀 벽이에요. 거기를 향해 영사기는 1초에 모두 24장의 사진을 비춥니다. 물론 사진 한 장만 비추고 있으면 스크린에도 정지된 그림만 보여요. 하지만 24장의 사진을 고속으로 돌리면 스크린의 사진들이 마치 살아서 움직이는 것처럼 보여요. 일종의 착시현상입니다.

두어 시간에 걸쳐 이런 식으로 필름을 계속 돌리는 것이 영화입니다. 사진을 연속으로 돌리는 것뿐인데도 우리는 그게 마치 현실인 양 울고 웃어요.

현실도 그와 똑같습니다.

두뇌 속에 생각이 끊임없이 입력되면 상(이미지)도 끊임없이 이어지고, 두뇌는 상(이미지)들이 계속 움직인다고 착각하거든요.

그럼 우리 머릿속의 생각이 어떻게 꼬리를 물고 이어지는지 한번 살펴볼까요?

다음은 '생각 도형'입니다.

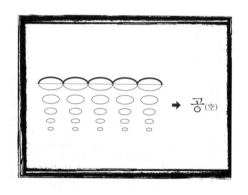

이 도형에서 보여주듯 생각이 꼬리를 물고 물결처럼 이어지면서 연속적인 상(이미지)을 만들어냅니다. 마치 필름 속의 사진이 꼬리를 물고 이어지면서 스크린에 영화가 상영되는 것과 같은 이치입니다.

연속적으로 이어지는 생각을 필름에 비유해 봅시다. 그리고 두뇌는 영사기에 비유해 봅시다.

　영사기에 필름을 집어넣고 돌리면 영화가 상영되듯, 두뇌 속에서 꼬리를 물고 이어지는 '생각의 필름'이 돌아가면 인생이라는 영화가 상영됩니다. 실제 영화가 영화관의 대형 스크린에서 상영된다면 인생 영화는 어디에서 상영될까요?

'생각의 필름'이 비어있어야 새로운 생각으로 채울 수 있습니다.

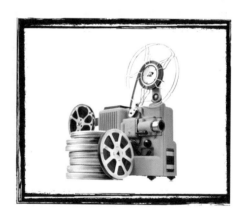

우리의 두뇌는 영사기이고, 우리 마음속에는
영화필름처럼 많은 상(이미지)이 저장되어 있습니다.

과거의 장면들을 다시 한 번 떠올려보세요.

그 장면들이 어디서 떠오르나요?

바로 마음속에서 떠오릅니다.

마음의 공간을 좀 더 넓혀

어린 시절부터 지금까지 살아온

장면들을 떠올려보세요.

커다란 마음의 공간 속에서

지금까지 살아온 장면들이

영화처럼 떠올라요.

그 마음의 공간 속에 여러분이 살아온

인생 전체가 들어있습니다.

지금 이 순간의 장면들도 마찬가집니다.

10년 후의 시점이라 생각하고 지금 눈앞에 펼쳐진 모든 장면을 떠올려보세요. 역시 똑같은 마음의 공간 속에서 펼쳐지는 영화예요.

즉 똑같은 마음의 공간 속에 여러분의 어릴 때부터 지금까지, 그리고 앞으로 살아갈 인생이 몽땅 들어있습니다. 그 공간 속에 모든 사람, 모든 지식, 모든 사물이 들어있지요.

따라서 내 마음은 내 몸속에 들어있는 게 아닙니다.
내 몸이 내 마음속에 들어있습니다.
내 인생 전체도 내 마음속에 들어있습니다.
지구도, 하늘도, 우주도 몽땅 내 마음속에 들어있습니다.

원래의 내 마음엔 아무 생각도, 아무 감정도
들어있지 않아요.
완벽하게 텅 빈 고요한 공간이에요.
우주 전체가 그 고요하고 무한한 공간 속에서
상영되는 영화입니다.

내가 영화에 가까이 다가설수록

생생한 현실이 되고

영화에서 멀어질수록 현실은 흩어집니다.

살다 보면 너무나 힘겹고 외로울 때가 있습니다.

짊어진 짐이 너무나도 무거울 때도 있습니다.

아무런 탈출구가 보이지 않을 때도 있습니다.

상처가 너무 깊어서 다시는 일어서지 못할 것 같다고 느

낄 때도 있습니다.

사방을 둘러보아도 누구 하나 도와줄 사람이 없을 때도

있습니다. 손 잡아줄 사람을 찾아보지만 아무도 내 손을

잡아 주지 않습니다.

그럴 땐 영화관에서 영화를 보듯,

10년 후의 시점에서 지금 눈앞에 펼쳐진

장면들을 되돌아보세요.

육안으로 볼 수도, 손으로 만질 수도 없는

영화임을 깨닫게 됩니다.

내 마음속에서 상영되는 영화입니다.

그 순간 내 마음은 지금 이 순간을 받아들이게 됩니다.

받아들이면 거부하는 생각,

즉 부정적 생각은 저절로 흩어져버리지요.

'부정적 현실'이라는 영화가

멈춰버리는 거예요.

그럼 '긍정적 현실'이라는

새 필름으로 갈아 끼울 수 있게 됩니다.

모든 생각은 빠짐없이 현실로 투사됩니다.

현실이라는 영화를 모두 진실이라는 전제로 보면

나는 끝까지 영화 속의 등장인물로 살아야 해요.

등장인물이 겪는 모든 상처를

의식하지 못한 채 껴안고 살아가야 합니다.

하지만 내 현실이 모두

내가 만든 영화라고 생각하고 보면,

나는 영화를 바꿔볼 수도,

새 영화를 만들어볼 수도 있지요.

상처에서 벗어나 새로운 삶을 맞이할 수 있는 겁니다.

다시 말해 우리는 지금

영화 속의 한 등장인물처럼 아주 좁은 시야로

작은 마음을 지닌 채 영화 속에 갇혀 살아갈 수도 있어요.

반대로 영화 전체를 멀리서 바라보는 큰마음을 갖고

살아갈 수도 있는 겁니다.

이처럼 우리의 마음은 인간의 두뇌 크기만큼

아주 작아질 수도 있고,

거꾸로 우주 전체를 품을 만큼 무한히 커질 수도 있어요.

또한 마음이 커지면 커질수록

불가능하다고 여겼던 일들의 경계도

쉽게 허물어버리게 되지요.

놀랍지 않습니까?

이것이 바로 관찰자 효과, 왓칭이 일으키는 기적입니다.

'왓칭'을 통해 우리는 이미 상영 중인 인생의 필름을 꺼내
새로운 필름으로 갈아 끼울 수 있습니다.

이 사진은 제가 전하고자 하는 메시지를
명확히 느끼게 해줍니다.

'왓칭'을 통해 우리는
영화 속의 등장인물로 머무는 것이 아니라
내가 만든 영화를 멀리서 바라보며
감독처럼 조정할 수 있습니다.

내가 필름 속에 들어있으면 필름을 바꿀 수 없습니다.

내가 필름을 바라보는 관찰자가 되면

나 스스로 필름을 바꿀 수 있습니다.

그래서 우리는

필름 속에 있지 말고 필름 밖으로 나가야 합니다.

생각은 곧 필름이고, 필름은 곧 프로그램입니다.

그리고 품고 있는 생각을 놓아주는 것이 곧

필름 밖으로 나오는 길입니다.

부정적 감정은 거부하는 마음에서 옵니다.

그러니 거부하는 마음이 남아 있으면

프로그램을 다시 깔 수 없습니다.

프로그램을 다시 깔아야 내 현실이 바뀌는데,

나는 지금 프로그램을 바꿀 권한이 없는 거예요.

그래서 누군가는 이렇게 절망을 합니다.

"이번 생은 글렀어. 판을 잘못 짰어."

모든 것이 내 머릿속에 들어있다고 생각하면

이번 생은 글렀다는 것이 맞는 이야기입니다.

하지만 모든 것은 내 머릿속에 들어있지 않습니다.

지금 나의 힘겨운 현실은 생각이라는 필름이

상영하는 영화입니다.

용기를 내 필름 밖으로 걸어 나오면

비로소 그 필름을 갈아 끼우며

현실을 변화시킬 수 있습니다.

3강

마음의 공간에 대한 이해

사진 이미지 속에는 한 여성이 있어요.

이 여성은 지금 반려견과 산책 중입니다.

그런데 여성을 둘러싼 투명한 공간이 보입니다.

이게 뭔지 궁금하시죠?

사실 육안으로는 보이지 않는 공간이에요.

하지만 고성능 에너지장 카메라로 촬영하면 보이거든요.

여러 겹의 빛의 공간이요.

좀 더 가까이 찍은 사진을 봅시다.

에너지장 카메라로 촬영한 사진이에요.

몸 바깥에 빛의 공간이 보입니다.

최근 영국에서 개발된 PIP 스캐너라 부르는

디지털 에너지장 카메라로 촬영한 사진이에요

(PIP란 Polycontrast Interference Photography, 다층대조간섭사진술의 축약

입니다). 여기서도 사람을 둘러싼 빛의 공간이 보입니다.

몸의 공간보다 몇 십 배나 더 넓은 공간에

빛이 퍼져 있습니다.

그리고 여러 겹의 공간이 층을 이루고 있어요.

왜 이런 층이 생길까요?

공간마다 주파수가 다르기 때문이에요.

물질인 몸과 가까워질수록 물질 주파수가 지배해요.

그래서 몸에 붙어있는 두뇌는

만물을 단단한 물질로 인식하게 됩니다.

이 주파수는 느리고 무겁습니다.

거꾸로 몸에서 멀어질수록 주파수는 빠르고 가볍습니다.

점점 고요해지지요.

몸에서 완전히 멀어지면 완전한 고요함이 찾아옵니다.

그 고요함 속에서 만물이 만들어집니다.

가까이 보면 사람마다 에너지장의 색깔이 달라요.

사실은 매 순간 달라집니다.

만일 여러분이 어두운 생각을 품고 있으면

색깔도 어두워져요.

거꾸로 밝은 생각을 품고 있으면

색깔도 밝아지지요.

그러니 나를 둘러싼 공간이 바로 내 마음임을 알 수 있습니다. 나는 그 마음의 공간 속에 들어있는 거지요.

다음 그림을 보면 한눈에 이해하기 쉽습니다.

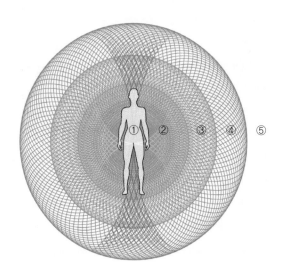

① 육신의 공간

② 감정의 공간

③ 생각의 공간

④ 영혼의 공간

⑤ 무한한 빛의 공간

몸에서 1.5미터 정도까지의 공간엔

감정의 물결이 흐르고 있어요.

그 바깥쪽, 즉 2.7미터 정도까지의 공간에는

생각의 물결이 넘실거립니다.

감정과 생각을 품은 마음의 공간이 몸을 둘러싸고 있고,

몸은 마음의 공간 속에 들어있다는 사실을

다시 한 번 확인할 수 있지요.

그렇다면 그 바깥은 무슨 공간일까요?

영체에서 나오는 투명한 빛이 흐르는 공간입니다.

즉 영혼의 공간이에요.

영혼의 공간은 무한한 빛의 공간 속에 들어있습니다.

왓칭하면서 생각에서 완전히 벗어나는 순간

누구나 빛이 가득한 공간과 만날 수 있게 됩니다.

다음 네 줄의 문장을 순서적으로 말해봅니다.

소리 내어 말해 보는 것도 좋습니다.

- 무한한 빛의 공간이 내 영혼의 공간을 품고 있다
- 내 영혼의 공간이 내 생각의 공간을 품고 있다

- 내 생각의 공간이 내 감정의 공간을 품고 있다
- 내 감정의 공간이 내 몸의 공간을 품고 있다

이것을 최소한 3번 이상 반복해서 읽어보세요.

여러 번 반복해 읽을수록 좋아요.

그다음엔 소리 내어 말해 보세요.

여러분의 모습을 커다란 공간 속에 투사시켜 바라보세요.

어쩌면 여러분은 이런 과정에서

애써 눌러왔던 많은 기억과 감정을

다시 만날 수 있습니다.

그러면서 내 인생이 지금까지 왜 이렇게 힘들었는지,

내가 얼마나 많은 상처를 끌어안고 살아왔는지

선명하게 보게 될 수도 있습니다.

영혼이 품고 있는 무수히 많은 생각은

대부분 부정적입니다.

부정적이기에 아직 치유되지 않은 상처들이고,

아직 치유되지 않았기에 부정적인 것입니다.

이 부정적 생각들이 죄다

눈앞의 현실로 투사된다고 상상해보세요.

현실이 고통스러울 수밖에 없는 거지요.

내 영혼이 겪은 모든 힘겨움이

여기 들어있습니다.

말하자면 감정과 생각의 공간은

내 영혼이 품고 있는 상처 보따리예요.

이 보따리에 담긴 모든 감정과 생각을 풀어서

무한한 공간에 놓아주는 것이

비로소 나를 옭아매왔던 아픔에서 벗어나는 길입니다.

무한한 공간은 무한하기 때문에

아무리 큰 시련도, 아무리 많은 생채기도

얼마든지 받아줄 수 있습니다.

이 무한한 공간에 모든 두려움과 억울함과 슬픔과 분노를

있는 그대로 놓아주세요.

4강

상처를 치유하고 떠나보내기

: 우리가 살아가는 목적

여기 두 장의 사진이 있습니다.

이 사진은 자연을 좋아하는 사람이 자연 속에 앉아 있을 때의 모습을 촬영한 것입니다.

투명한 빛이 찬란하게 퍼져나갑니다.

다음 사진은 아이를 사랑의 눈길로 지켜보는
엄마의 모습이에요.
엄마가 깊은 사랑을 느낄수록 빛은 더욱 넓게,
멀리 퍼져나갑니다.
빛이 아이의 몸을 감싸면서 어마어마하게 널리 퍼져나가
는 것을 볼 수 있습니다.

이 사진들은 에너지장 연구에 일생을 바쳤던

헌트Valerie Hunt 박사가 개발한

오라미터(AuraMeter)로 촬영한 것입니다.

이 사진들을 보면 인간이란

사랑을 추구하며,

사랑으로 만들어진 존재라는 걸

느낄 수 있습니다.

다만 삶에서 받은 상처와 부정적 감정에

겹겹이 둘러싸여 빛을 발하지 못하고 사는 거지요.

그것이 우리에게 주어진 모든 고통의 원인입니다.

그런데 마음을 열면 열수록, 내려놓으면 내려놓을수록

잃어버렸던 행복, 기쁨, 궁극적으로는 무한한 사랑에

다가갈 수 있습니다.

쉬운 예를 하나 들자면

사랑에 큰 상처를 받은 사람은

새로운 사랑이 다가왔을 때

의심하고 주저하며 마음을 열지 못하는 경우가 많습니다.

그것은 지나간 상처를 떠나보내지 못하고

붙잡고 있기 때문이에요.

마음을 완전히 열기 위해서는

작은 마음속에 갇혀있는 생각을

하나씩 하나씩 놓아버리고 떠나보내는

연습을 시도해야 합니다.

그래야만 마음이 열리면서

상처의 보따리도 조금씩 풀리거든요.

이런 시도가 모아져

우리의 작은 마음이 무한한 마음에 가까이 갈 때

상처는 자연스럽게 치유됩니다.

오래전부터 사람들은 알고 있었어요.

우리가 품고 있는 상처를 치유해주는

무한한 마음이 있다는 것을 말입니다.

그리고 그 마음의 이름을 신神, 하느님, 하나님, 참나, 불성,

원래의 나 등으로 불러왔다는 것을 말입니다.

하지만 어떻게 불러왔던지

그 이름이 중요한 것은 아닙니다.

진실은 하나입니다.

여러분이 '내 마음은 내 몸속에 들어있어'라고 믿으면

아픔으로 얼룩진 작은 마음에 갇힌 채 살아갑니다.

반면 '나도, 우주도 무한한 마음속에

들어있어'라고 이해하고 받아들이면

무한한 마음과 하나가 됩니다.

우리는 원래 빛과 사랑이 가득한 무한한

마음속에서 태어났거든요.

아인슈타인은 이런 말을 했습니다.

"곤충에서 별에 이르기까지 모든 것은

처음부터 끝까지 우리가 통제할 수 없는
힘에 의해 결정된다.
인간, 식물, 우주먼지 할 것 없이
우리는 모두 보이지 않는 연주자가 멀리서 보내주는
신비한 선율에 맞추어 춤을 춘다."

그가 말한 '먼 곳에 있는 보이지 않는 연주자'란 누굴까요?
바로 무한한 마음입니다.
그 무한한 마음은 자신이 품고 있는
무수한 작은 마음들이
각자의 상처와 화해하고
자신의 품으로 돌아오기를 기다리고 있습니다.
상처를 완전히 치유하고
너그럽고 따뜻한 영원한 고향으로 돌아가는 것,
그것이 바로 우리가 살아가는 목적이자
삶의 이정표입니다.

5강

물질 주파수 VS 공간 주파수
: 아무런 기적 없이 살 것인가,
  기적이 일어날 수 있도록 살 것인가

저는 시골의 한 작은 마을에서 태어났어요. 태어나자마자 원인 모를 유행병에 걸려 말 그대로 죽었다 살아났다고 해요. 그 후유증으로 기관지가 나빠져 아주 오랫동안 고생했지요. 저를 키워 주신 할머니도 부모님도 모두 초등학교만 나와 농사를 지었습니다. 먹고 사는 게 어렵던 시절이라 자연히 저도 농사일을 도우며 자랐어요.

부모님은 저의 중학교 졸업이 다가올 때까지 공부하라는 말은 단 한 번도 해본 적 없을 정도로 공부에 신경 써줄 겨를이 없었습니다. 그래서 제가 볼 만한 책도 없었지요. 모든 게 물질적 생존을 위한 것이었어요. 하지만 나날이 이어지는 고된 일과 속에서도 할머니는 단 하루도 거르지 않고 아침저녁으로 우리를 앉혀놓고 함께 기도를 하셨습니다. 각자 살길을 찾아 타지에 가 있는 삼촌들 한 명 한 명씩을 위해 기도한 뒤 우리를 위해 기도하셨지요. 그때 막연하게나마 물질적 한계를 뛰어넘는 무한한 존재가 있을 수 있다는 사실이 저에게 위안이 됐던 것 같습니다.

그러다가 중학교 3학년 말에 큰 변화를 맞았습니다. 먼 곳에서 초등학교 교사를 하던 삼촌이 저를 데리고 인천 작은 아버지댁에 갔던 겁니다. 인문계 고등학교가 제 적성에 맞는다고 봤던 거지요. 아버지는 제가 중학교를 졸업하면 읍내에 있는 농업고등학교에 진학시켜 졸업하자마자 취직시킬 생각이었거든요. 삼촌이 내려준 그 결정이 지금의 저로 이어지고 있습니다.

> 자, 생각해봅시다. 제가 태어난 시대, 나라, 장소, 인종, 부모, 가족, 만나는 사람들, 경제적 환경, 건강상태, 성격 등 제 인생에 필수적인 환경들을 저 자신이 선택한 걸까요? 아닙니다. 제 의지와는 무관하게 결정됐습니다. 미리 설정돼있었다는 얘기지요.

제게 사랑을 가르쳐준 할머니, 근면을 가르쳐준 부모님, 저의 적성을 알아본 삼촌도 제가 태어나기 전 이미 존재하고 있었어요. 만일 제가 500년 전, 유럽에서, 혹은 아프리카의 오지에서, 다른 부모 등 전혀 다른 환경 속에서 자랐다면 제 인생은 어떻게 펼쳐졌을까요? 지금과는 완전 딴판이었을 겁니다.

제가 태어난 장소와 부모와 경제적 환경 등은 제가 다닐 초등학교를 결정짓고, 초등학교는 중학교를, 중학교는 고등학교를, 고등학교는 대학교를, 대학교는 직장을 선택하는데 끊으래야 끊을 수 없는 연결고리가 됐습니다. 건강상태와 성격 등도 역시 제 인생을 선택하는 데 결정적 요인들이었지요. 타고난 환경이 그다음 환경을 결정짓고, 그다음 환경이 다시 그다음 환경을 결정지었어요. 그리고 저는 그 환경이 허용하는 범위 내에서 살아온 겁니다. 태어날 때 설정된 환경이 그 이후의 모든 환경과 하나의 흐름으로 꼬리에 꼬리를 물고 이어진 거지요. 제 인생은 그 환경의 흐름을 타고 지금까지 이어지고 있어요. 이 흐름은 앞으로 제가 죽는 순간까지도 이어질 겁니다.

환경은 곧 현실입니다. 하나의 현실이 다음 현실로 꼬리를 물고 이어지는 건 왜일까요? 현실을 만들어내는 생각이 꼬리를 물고 이어지기 때문이에요. 생각의 필름이 연속적으로 돌아가니 현실도 연속적으로 이어질 수밖에 없는 거지요. 제 인생 영화의 각본은 제가 태어나기 전에 이미 쓰여 있었다는 얘기입니다. 이 각본은 누가 써놓은 것일까요? 그렇습니다. 내 영혼이 써놓은 것입니다.

자신이 품고 있는 모든 상처를 치유하기 위해 그 상처들이 눈앞에 현실로 나타나도록 내가 태어나기 전에 미리 깔아놓은 거예요.

상처와 마주하는 것은 몹시 고통스럽습니다. 그래서 나도 모르게 외면하고 덮어버리게 돼요. 그렇다고 상처를 치유하지 않고 살아갈 수 있나요? 치유되지 않은 상처는 더 많은 상처를 끌어들입니다. 고통은 더욱 심해져요. 고통은 상처를 들여다보라는 신호예요.

상처를 치유하기 위해서는 현재를 받아들여야 해요. 현재를 완전히 받아들일수록 치유는 쉬워집니다. 받아들이려면 마음을 열어야 하고, 마음을 열수록 무한한 사랑이 그만큼 더 많이 흘러들어오기 때문이지요.

바로 앞의 4강에서도 인용했지만 아인슈타인은 이렇게 표현했어요.

"우리는 모두 보이지 않는 연주자가 멀리서 보내주는 신비한 선율에 맞추어 춤을 춘다."

어쩌면 우리는 우리 의지대로 인생을 살아가는 게 아니라는 말이지요. 철학자 하이데거도 "인간은 자의와 상관없이 이 세상에 던져졌다"고 했어요. 자신의 의지와는 상관없이 던져진 상태로 이 세상에서 살아가야만 한다는 거지요.

그런데 왜 우리는 우리 인생이 이미 설정되어 있다는 사실을 알아차리지 못하는 걸까요?

"내 미래를 누가 알 수 있어? 사람의 앞날은 모르는 거야!"

그래요. 우리는 우리의 미래를 모릅니다. 모르기 때문에 정해지지 않았다고 믿는 겁니다. 그래서 인생은 늘 가시밭길이에요. 불안하고 두렵습니다.

자, 그럼 이제는 가장 기억에 남는 초등학교 시절의 소풍 장면을 떠올려보세요. 소풍 장면이 상(이미지)으로 떠오릅니다. '초등학교 소풍 장면을 떠올려봐야지'라는 생각이 두뇌에 입력됐기 때문이지요.

이번엔 시야를 넓혀서 여러분 인생의 처음부터 끝까지를 통째로 상상해보세요. 인생의 처음부터 끝까지가 연속적인 상으로 떠오릅니다. '인생의 처음부터 끝까지 떠올려봐야지'라는 생각이 두뇌에 입력됐기 때문이에요.

이처럼 여러분의 인생은 생각이 만들어내는 영화예요. 생각이 사라지면 영화도 사라집니다.

그런데 이 영화는 어디에서 상영되나요? 맞아요. 거대한 공간 속에서 상영됩니다. 그렇다면 이 거대한 공간은 여러분이 태어나기 전에는 존재하지 않았을까요? 그리고 여러분이 세상을 떠난 이후엔 존재하지 않는 걸까요? 아닙니다. 공간은 늘 변함없이 존재해요. 공간은 시간상으로나 거리상으로 무한하며 우주는 이 무한한 공간 속에서 명멸을 거듭해요. 이 무한한 공간은 바로 여러분의 마음입니다.

여러분은 여러분의 인생 전체를 통째로 바라보는 영원하고 무한한 관찰자인 겁니다. 관찰자인 무한한 마음은 모든 걸 보고, 모든 걸 알고, 모든 문제에 대한 답을 갖고 있습니다. 그리고 무한하기 때문에 모든 상처를 받아들이고, 치유하고, 사랑할 수 있습니다.

다음 장의 우주 사진을 보세요. 무한한 공간에 얼마나 많은 별이 떠 있습니까? 우리가 사는 지구는 보이지도 않아요. 별들이 그냥 그림처럼 보이지 않습니까? 우주는 정말 그림일까요? 맞습니다.

우주는 정말 상상으로 그려낸 그림이에요. 앞서 모든 현실은 내 마음의 공간 속에서 상영되는 영화라 하지 않았습니까? 우주는 아주 멀리서 바라보면 그냥 그림이 되고 가까이 다가서면 생생한 현실처럼 꾸며진 조물주의 요술 작품이에요.

우주는 사실 텅 비어있습니다. 그래서 전자현미경으로 무엇이든 쪼개고 쪼개서 확대해보면 죄다 텅텅 비어있지 않습니까?

미항공우주국 나사(NASA)가 발사한 우주왕복선은 이미 1,200여 개가 넘는 지구를 발견했어요. 또한 양자물리학자들은 무한히 많은 우주에 무한히 많은 지구가 있다는 사실

을 수학적으로 완벽히 증명해냈습니다.

지구가 무한히 많다면 '나'는 안 그럴까요? 하나의 '나'만 존재할까요? 아니겠지요.

무한히 많은 '나'도 존재할 겁니다. 생각의 선택에 따라 각기 조금씩 다른 인생을 살아가는 '또 다른 나'들이 또 다른 지구에서 살아갈 거예요.

우리가 하나의 영화 스토리 속에 갇혀있으면 그 영화가 전부라고 착각할 수밖에 없어요. 그래서 한 가지 영화의 한 가지 각본대로만 살아가게 되지요. 하지만 그 영화 스토리에서 벗어나 바라보면 여러 가지 스토리가 가능하다는 것을 깨닫게 됩니다. 이렇게 시야를 넓히면 넓힐수록 마음의 공간이 넓어져 현실창조능력도 그만큼 커지게 되는 거지요.

짊어진 인생살이의 짐이 너무나 무겁다고
느낄 때 잠시 걸음을 멈추고
여러분의 인생 전체를 큰 공간에 띄워놓고 멀리서 바라보세요.
아주 멀리서 바라보면 연속적인 상들이
만들어내는 한편의 작은 영화에

불과하다는 걸 깨닫게 돼요.

이렇게 아주 멀리서 큰 눈으로 바라볼수록
마음의 공간은 어마어마하게 커져요.
신의 마음과 하나가 돼가는 거지요.
그러면서 온갖 우울한 생각들은 저절로 사라지고,
이미 써진 영화의 각본에서 벗어나게 됩니다.
나는 각본대로 살아가는 영화 속의 등장인물이 아니라
각본을 마음대로 선택하는 진정한 자유인이 돼요.
각본은 생각으로 쓰는 겁니다.
생각을 바꾸면 각본이 바뀌고,
각본이 바뀌면 영화도 바뀝니다.

사람은 죽기 직전, 혹은 죽은 직후 자신의 인생 전체를 마치 주마등처럼 아주 짧은 시간에 되돌아본다고 합니다. 그러면서 한숨을 내쉰다고 해요.
"아, 내 인생은 정말 한 편의 영화였구나!"
죽음의 순간엔 주고받은 상처와 후회밖에 남는 게 없지요. 인생의 종착역에서 회한의 눈물을 뿌리는 대신 용서와 치유, 빛과 사랑이 가득한 삶으로 갈아탈 수 있다면 얼마나 좋을까요?

상처를 몸속에 머물게 하면 벗어날 수 없다

10여 년 전의 일이었어요. 어느 날 출근해보니 후배들이 수근거리고 있었습니다.

"김 선배님, OO선배님이 여기 부장으로 온대요. 알고 계세요?"

"어, 그래?"

저의 몇 년 후배가 부장으로 온다는 거였어요. 갑자기 쇠망치로 뒤통수를 얻어맞은 듯했지요. 저는 다음 날 아침까지도 설마 했어요. 하지만 벌써 방이 붙어 있었습니다.

엄청난 배신감이 밀려왔어요. 저는 그때까지만 해도 잘 나가던 기자였거든요. 특히 바로 전엔 워싱턴 특파원으로 미국 고위관리들을 수시로 특종 인터뷰해 명성도 날렸었습니다. 특종상, 우수상, 공로상… 잘한다며 상을 줄 땐 언제고 졸지에 그런 모욕을 주다니요? 후배들의 눈길이 창피했어요.

그 날 잠자리에 누웠는데 영 잠이 오지 않았어요. 회사를 때려치워야겠다는 생각까지 들었습니다. 하지만 그건 현실적인 대안이 아니었어요. 아이들도 아직 어린 데다 저는 할머니와 부모님을 부양해야 하는 장남이었거든요. 후배에게 처음으로 추월당하는 일이라 몇 달간 온갖 부정적 감정으로 고통스러웠습니다.

물론 제가 '왓칭'을 알기 이전의 일입니다.

그런데 이런 일은 직장에서 비일비재하게 일어나요. 또 한 번은 제가 퇴근하려는데 같은 부서에서 일하는 선배가 물었어요.

"집이 나랑 같은 방향인데 태워줄 수 있지?"

저는 선뜻 내키지는 않았지만 태워다 줬지요. 그런데 그 이후로 매일 태워다 달라는 거지 뭡니까? 기막힌 일이었지요. 왜냐하면 그 선배 집은 제집에서 20분이나 더 가야 하니 제 퇴근시간이 무려 40분이나 더 길어지는 거였습니다. 게다가 저는 당시 퇴근길에 차 안에서 라디오 AFKN에서 나오는 영어뉴스를 청취하는 재미에 흠뻑 빠져있었거든요. 알고 보니 그 선배는 자신의 차는 아내가 수영 학원 다닐 때 쓰게 하고 대신 제 차를 타고 다니는 거였습니다. 나만의 귀중한 시간이었던 퇴근길이 점점 고역으로 바뀌고 말았지요. 치미는 화를 꾹꾹 참고 지내려니 참으로 괴로웠습니다.

여기서 의문이 듭니다. 분노나 배신감, 절망감 등 부정적 감정이 생기면 왜 이처럼 괴로운 걸까요? 그건 우리가 '몸이 나의 모든 것'이라고 생각하기 때문이에요. 그러다 보니 '내 마음도 내 몸속에 들어있어'라고 생각하게 되지요. 그래서 화가 나도 내 몸속에 가둬놓고, 배신감이 들어도 내 몸속에 가둬놓게 되거든요. 내 마음속에서 일어나는 모든 부정적 감정과 생각을 몽땅 내 몸속에 가둬놓는다면 몸이 배겨낼 수 있겠습니까?

모든 감정과 생각은 에너지의 물결이에요. 부정적 에너지의 물결이 내 몸속에 가득하면 괴로울 수밖에 없지요.

우리가 '몸이 나의 모든 것'이라고 착각하는 건
생각이 만들어내는 물질세계에 빠져서 살기 때문입니다.
생각이 두뇌에 날아든 순간 여러분의 무한한 마음은
무수히 많은 낱개의 작은 마음조각들로 쪼개집니다.
두뇌만큼 작아지는 거지요.

그 작은 마음조각에 '생각의 필름'을 집어넣으면
인생 영화가 상영되기 시작해요.
그래서 모든 걸 물질로 인식하고,
더 많은 물질을 차지하기 위해 혈안이 돼요.
그래야만 몸의 생존이 보장되니까요.
두뇌도 그 범위가 좁지만,
우리의 육안도 시야가 아주 좁아요.
무한한 우주의 전체를 보지 못하고
눈앞의 티끌만큼만 봅니다.

하지만 우리는 자신의 시야가 좁고

어둡다는 사실을 잘 몰라요.

그래서 모든 사람이 각기

'내가 보는 게 옳아'라고 외칩니다.

그러다 보니 온갖 갈등과 문제가 생기고

서로 상처를 주고받게 되는 겁니다.

그렇게 발생된 모든 갈등, 문제, 상처를
자신의 몸속에 가둬놓고 끙끙거려요.
'몸이 나의 모든 것'이라고
철썩같이 믿다 보니 그럴 수밖에요.

두뇌의 한계 속에서 좁은 마음으로 사는 건
내비게이션 없이
미지의 세계를 여행하는 것과 같아요.
모든 사람이 그렇게 헤맨다고 상상해 봐요.
서로 이리 부딪치고 저리 부딪치다 보면
차도 운전자도 상처투성이가 돼요.
하지만 차에 내비게이션을 달면 어떤가요?
앞으로 가야 할 길을 미리 알 수 있어요.
서로 부딪치거나 상처받을 일도 없어져요.
눈앞에 펼쳐지는 아름다운 경치도 틈틈이 감상하며
즐겁게 달릴 수 있게 됩니다.
내비게이션이 길을 안내해줄 수 있는 건
아주 높은 상공에 떠 있는 인공위성이

앞길을 훤히 내려다보고
그 정보를 알려주기 때문이지요.
마찬가지로 여러분도 마음의 공간을 하늘만큼 넓히면
앞으로 가야 할 길이 훤히 보이게 됩니다.

주파수에 따라 내 현실이 달라진다

저는 취재차 취재원들을 만날 땐 반드시 'Yes'가 나오는
대화로 시작해요. 이를테면 이런 식이지요.

"오시는데 시간이 좀 걸리지 않았습니까?"

"맞아요. 평소 오래 걸리는 거리죠. 다행히 오늘은 운 좋
게 좀 빨리 왔어요."

"오늘 날씨가 꽤 덥지 않아요?"

"정말 더운 기 같아요."

"커피 한잔 하실래요?"

"커피도 좋고 그냥 물은 더 좋습니다."

저는 평소 커피는 잘 마시지 않습니다. 하지만 상대가 커피를 권할 때 "전 커피는 안 마셔요"라고 말하면 상대는 무의식적으로 거부당했다는 느낌을 갖게 돼요. 'Yes'가 아닌 'No'로 받아들이게 되는 거지요. 그래서 일단 커피를 받아들인 뒤 더 나은 걸 제시하면 상대는 'Yes'라는 느낌을 갖게 되는 겁니다.

마찬가지 이치로 '시간이 오래 걸리지 않았다'고 부정적으로 말하는 것보다는 '다행히 오늘은 운 좋게 좀 빨리 왔다'라고 긍정적으로 말하는 게 나아요. 제가 이렇게 하는 이유는 간단해요. 말에는 생각이 담겨있고, 생각은 에너지이기에 저마다 주파수가 있습니다. 사람들은 자신의 생각 주파수를 맞춰주면 좋아하고, 주파수가 어긋나면 불쾌하게 느끼게 되거든요.

그래서 모든 대화는 'Yes'가 서너 번 정도 나오도록 시작하는 게 좋습니다.

마찬가지 이치로 우리 마음이

물질에 주파수가 맞춰지면

물질세계에 휘말려 듭니다.

물질은 생각이 만들어내는 겁니다.

그래서 어떤 생각에 주파수를 맞추느냐에 따라서

물질세계의 현실도 달라지지요.

예컨대 마음이 어두운 생각을 품고 있으면

어두운 현실이 펼쳐져요.

거꾸로 밝은 생각을 품고 있으면

밝은 현실이 펼쳐집니다.

물질세계의 공간과는 정반대의 공간도 있습니다.

바로 고요한 공간입니다.

고요한 공간에 주파수가 맞춰지면

마음도 따라서 고요해져요.

그러면서 모든 생각이 사라진 백지 같은 마음이 돼요.

모든 상처가 말끔히 치유되고

무한한 사랑이 흐르는 다른 차원의 삶이 열리는 거지요.

우리의 마음이 물질 주파수에만 맞춰져 있으면

필연적으로 고통이 뒤따릅니다.

왜냐하면 모든 물질은 언젠가는 사라지거든요.

우리 몸을 보세요.

아기 때는 작지만 어른이 되면서 커지다가

노인이 되면 다시 작아지잖아요.

그러다가 사라져버립니다.

언젠가는 사라질 이 작은 몸뚱이가

나의 전부라고 믿으면

화도, 절망도, 슬픔도, 증오도

몽땅 그 속에 가둬놓게 돼요.

그러면 몸이 얼마나 고통스럽겠습니까?

부정적 감정도 에너지이기에, 이것 또한 물질이에요.

단지 눈에 보이지 않는 물질이지요.

감정도 물질 주파수를 갖고 있어서

같은 물질 주파수를 가진 몸속에 착 달라붙으면

잘 떨어지지 않거든요.

바로 이러한 속성 때문에

부정적 감정에 휘말리면 벗어나기 힘든 거지요.

하지만 방법은 있어요.

마음의 주파수를 물질 주파수에서

고요한 공간 주파수로 전환시켜주는 겁니다.

그럼 고요하고 무한한 공간이 펼쳐져요.

자연히 내 작은 몸뚱이에 갇혀있던

모든 부정적 감정들도

응어리를 풀고 자유를 찾아 떠나가요.

물질 주파수에서
공간 주파수로 전환하려면

"야, 너 말 다했어?"

우람한 몸집의 부장이 소리를 버럭 질렀어요. 그러자 가냘픈 여기자 입에서 뜻밖의 말이 튀어나왔습니다.

"왜요, 제가 틀린 말 했습니까?"

그 부장은 평소 후배 기자들이 쓴 기사를 현미경으로 들여다보듯 세세히 따지고 입이 거칠기로 소문나 있었어요. 누구나 그 부장 앞에 가면 바짝 긴장할 수밖에 없었습니다. 그런 부장 앞에서 꼿꼿하게 맞서는 여기자를 보고 다들 손에 땀을 쥐고 있었지요.

"이게 정말!"

"이게라니요! 말조심하세요!"

여기자가 손가방을 홱 집어 들더니 문을 쾅 닫고 나가버렸어요. 그러자 얼굴이 시뻘겋게 달아오른 부장도 뒷문을 쾅 닫고 나가버렸지요.

나중에 알고 보니 여기자는 몇 시간 동안이나 한강 고수부지를 걸으면서 분을 삭였다고 해요. 부장은 부장대로 옥상에 올라가 먼 곳을 바라보며 담배를 피웠고요. 그런데 궁금하지 않습니까? 왜 좁은 공간에서 열을 내며 싸우다가 더 이상 화를 참기 어려우면 넓은 공간으로 뛰쳐나가게 되는지?

부부 싸움할 때도 그렇지요. 도저히 화를 못 참을 지경이 되면 어느 한쪽이 문을 쾅 닫고 나가버리지 않습니까? 잠시 후 다른 쪽도 역시 밖으로 뛰쳐나가고요. 왜 우리는 화가 치솟을 때 직감적으로 넓은 공간을 찾게 되는 걸까요?

아이가 화가 잔뜩 나서 세상이 떠나가도록 울어댈 때도 같은 방법이 효과적이에요. 뚝 그치라고 다그친다고 해서 그치는 게 아니거든요. 그러면 아이가 화난 감정을 마음속에 억눌러놓게 되니까요. 언젠가는 다시 폭발하거나 부모에 대한 저항감으로 쌓이게 돼요.

그러지 말고 울어대는 아이를 화장실로 데려가 보세요. 거기서 아이가 커다란 벽거울에 비치는 자신의 우는 얼굴을 바라보도록 해봐요. 아이가 놀랍도록 빨리 울음을 멈추게 돼요. 자신의 모습을 거울을 통해 객관적으로 바라보면 마음의 공간이 자동적으로 넓어집니다. 그러면서 고요한 공간 주파수와 동조되지요.

여러분의 마음이 온갖 생각으로 시끄러운 건
마음의 공간을 두뇌로 좁히고 있기 때문이에요.
항상 생각이 가득 차 있는 두뇌와 마음이
한 덩어리가 되니
마음이 온갖 시끄러움으로
가득할 수밖에 없는 거지요.
따라서 마음속에 시끄러운 생각이나
감정으로 가득할 땐

가만히 마음의 공간을 들여다보세요.

그 순간 공간의 고요함으로 금방 전환되니까요.

직장에서 고객이 비난을 퍼붓거나

상사가 잔소리를 쏟아낼 때도 마찬가지입니다.

마음의 공간을 두뇌의 작은 공간으로

한정시키지 마세요.

그러면 늘 시끄럽고 고통스러워요.

두뇌는 언제나 바깥세상의 시끄러움에

주파수를 맞춰두거든요.

그러지 말고 넓은 공간의 고요함에

주파수를 맞춰보세요.

즉시 고요함이 찾아옵니다.

남들이 내게 쏟아내는 말은

공간 속으로 흘러가는 소리일 뿐이에요.

소리 자체는 시끄럽지 않아요.

공기의 진동일 뿐이니까요.

두뇌의 생각이 공기의 진동을 시끄러운 것으로

해석할 뿐이지요.

직장생활을 하다 보면 지루한 회의에 참석하게 되는 일이 많지요? 저도 마찬가지예요. 그럴 땐 어떻게 하는 게 좋을까요? 눈을 45도 각도로 내리깔고 살짝 존다고요?

그건 좋은 방법이 아닙니다. 그럴 때는 마음의 주파수를 바꿔보세요. 지루한 말에 주파수를 맞추지 말고, 말이 흘러나오는 공간의 고요함에 주파수를 맞추는 겁니다. 그럼 마음도 고요해집니다.

저는 점심식사 후 거의 매일 걷기를 합니다. 여름철엔 가로수에서 울어대는 매미 소리가 태산이 떠나갈 듯 요란하지요. 그럴 때도 매미 소리에 주파수를 맞추지 않아요. 대신 공간의 고요함에 주파수를 맞춥니다. 그럼 고요함이 찾아와요. 이 세상에서 일어나는 모든 일이 똑같은 이치로 돌아갑니다.

절망이 찾아올 땐

절망에 주파수를 맞추지 마세요.

대신 절망이 태어난 무한한 공간의 고요함에

귀를 기울이세요.

슬픔이 스며들 땐 슬픔이 태어난

무한한 공간의 고요함에 귀를 기울이세요.

상처로 아플 땐 상처가 태어난

무한한 공간의 고요함에 귀를 기울이세요.

절망도, 슬픔도, 상처도
무한한 공간에서 태어나
무한한 공간으로 사라지는
에너지의 흐름입니다.

그 흐름을 가로막아
그 속에 휘말려 들지 마세요.
대신 옆으로 몇 발짝 비켜서서
흘러가는 걸 가만히 바라보세요.
흘러가는 걸 바라보는 건 누구입니까?
바로 무한한 공간 속의 내 마음입니다.
사랑과 평화로 가득한 무한한 마음입니다.

제가 다니는 방송국에 술과 여자를 밝히며 방탕한 생활을 하던 한 선배가 있었습니다. 퇴근하면 술판을 벌이는 게 다반사였어요. 그런데 어느 날 아내가 새벽마다 사라진다는 사실을 알았습니다. 몇 달이고 몇 년이고 계속됐습니다. 슬그머니 의심이 들었어요.

'이 여자가 날마다 어디를 가는 걸까?'

몰래 따라가 보니 아내는 새벽 기도를 다니고 있었습니다. 고요한 공간에 나지막이 울려 퍼지는 기도는 바로 남편을 위한 것이었지요. 그는 기도소리를 들으며 눈물을 쏟았습니다. 그리고는 완전히 새로운 사람으로 거듭났어요. 그의 아내는 답을 바깥세상에서 찾지 않고 마음속에서 찾았습니다. 그래서 해결됐던 거지요.

고요한 공간엔 무한한 마음이 흐르고 있습니다. 그 마음은 모든 말을 알아듣지요. 그리고 모든 문제에 대한 모든 답을 갖고 있습니다. 왜냐하면 무한한 마음은 모든 곳에 다 존재하니 모든 걸 알 수밖에 없지요. 그래서 공간을 넓히면 넓힐수록 타인의 마음까지도 움직일 수 있는 겁니다.

무한한 공간을 크게 나누면 두 가지예요.
백지처럼 아무것도 존재하지 않는 초공간(hyperspace),
그리고 물질로 가득한 3차원 물질세계의 공간이지요.
그런데 초공간은 사실은 텅 비어있는 게 아니에요.
무수히 많은 생각이 물질로 태어날 기회를

호시탐탐 노리며 숨어있어요.

그러다가 우리의 마음이 두뇌만 하게 작아지면

신이 나서 두뇌 속으로 날아듭니다.

생각이 두뇌 속으로 날아드는 순간

텅 빈 공간은 돌연 물질로 가득한

3차원 공간으로 깜짝 변신을 합니다.

그래서 3차원 공간의 현실을 보면

마음의 공간 속에

어떤 생각이 들어있는지 알 수 있는 겁니다.

그렇다고 이 두 가지 공간이

서로 멀리 떨어져 있는 건 아니에요.

단지 주파수가 다를 뿐입니다.

초공간은 고요한 주파수를,

3차원 공간은 시끄러운 물질 주파수를 갖고 있어요.

따라서 여러분이 3차원 공간의 인생살이에서

너무나 지치거나 깜깜한 벽에 부닥친다고 해서

그대로 주저앉지 마세요.

마음을 고요한 주파수로 전환시키면

모든 걸 새로 태어나게 해주는

다른 차원의 공간이 펼쳐지니까요.

제게 큰 영감을 주었던

아인슈타인의 말이 있어요.

"인생을 살아가는 방법은 두 가지다.

하나는 아무 기적도 없는 것처럼

사는 것이요,

다른 하나는 모든 것이 기적인 것처럼

사는 것이다."

아무 기적도 없이 살아가려면

물질 주파수에 맞춰 살고

매일 매일 기적 속에서 살고 싶다면

무한한 공간의 고요한 주파수에 맞춰 살라는 말입니다.

무한한 공간은 순수한 사랑으로 가득합니다.

그 사랑으로부터 모든 지능이 흘러나와요.

그래서 과학을 사랑하는 사람은 최고의 과학자가 되고

음악을 사랑하는 사람은 최고의 음악가가 되지 않습니까?

저는 중년의 나이에 뒤늦게서야

새로운 세계에 눈을 떴습니다.

그동안 살아왔던 물질 주파수 대신

고요한 공간에 주파수를 맞추는 삶을 시작했어요.

걸으면서도, 출퇴근길 지하철 안에서도,

회사에서 일을 하다가도, 심지어 생방송 사이사이에도

틈만 나면 제 마음을 들여다보곤 했어요.

처음엔 아무 일도 일어나지 않았습니다.

하지만 제 마음은 조금씩 공간의 주파수와

동조되어 가기 시작했습니다.

제 마음의 공간은 점점 더 넓어졌습니다.

그리고 저는 완전히 새로운 삶을 찾았습니다.

과거의 나는 작은 몸뚱이 하나에 의지하며 살아가는

외로운 존재였지요.

하지만 지금의 나는 무한한 마음에 모든 걸

맡겨놓고 살아가는 평화로운 존재입니다.
과거의 나는 많은 상처를 끌어안고 살아가는
고통 가득한 존재였지요.
하지만 지금의 나는 인생살이의 모든 짐을 무한한
마음에 넘겨주며 살아가는 자유로운 존재입니다.

마음이 물질 주파수에 맞춰지면
나는 몸이라는 작은 물질 속에 갇힌
영화 속의 등장인물일 뿐이에요.
그 영화 스토리 속에서 살아갈 수밖에 없어요.

하지만 마음이 고요한 주파수로 전환되면
나는 고요하고 무한한 공간과 하나가 돼요.
그곳에서 고통과 상처의
내 영화 스토리를 버리고
사랑과 평화가 흐르는
새 영화 스토리로 갈아탈 수 있습니다.

아인슈타인은

'사람은 생각의 감옥에 갇혀있다'는

말을 남겼어요. 맞습니다.

우리가 평화에 이르는 길은

마음의 공간을 넓혀서

갇혀있는 생각들을 탈출시키는 것입니다.

물을 잔뜩 채운 양동이를 든 채

이리저리 걸어보세요.

거친 물결이 일어요.

그 양동이 물을

고요한 호수에 부으면 어떻게 될까요?

거친 물결은 점점 호수의 고요한 물결과

합쳐져 잔잔해집니다.

거친 주파수가 고요한 주파수와

동조하게 되는 거지요.

내 마음도 마찬가지예요.

마음을 양동이만큼

작은 공간에 가둬놓고 살면

세파에 이리저리 시달릴 때마다

거친 물결이 일어요.

그래서 상처가 나고 아픈 겁니다.

하지만 마음의 공간을 호수만큼 넓혀주면

거친 물결이 고요한 물결과 동조되면서

곧 같이 고요해집니다.

고요한 공간엔 오로지 순수한 사랑의 빛만 흘러요.

그래서 고요한 공간과 접속되면

사랑과 평화를 느끼고

우리의 상처가 치유됩니다.

6강

왓칭 솔루션 (실전 적용)
: 지금 당장 '왓칭'이 필요한 직장인들

직장은 생존에 필요한 돈을 버는 곳입니다. 우리 몸의 생존을 책임진 뇌세포 덩어리, 아미그달라(편도체)가 발동되기 쉬운 곳이지요.

아미그달라가 무엇인지, 그리고 언제 어떻게 왜 분노나 증오, 절망 등의 부정적 감정을 만들어내는지 이해하면 부정적 감정을 다루기도 쉬워집니다. 부정적 감정은 원래 우리 마음속에 존재하지 않던 것이에요. 단지 아미그달라가 생존에 '위험'을 느끼는 순간 'ON'시키는 스위치일 뿐이지요. 그래서 작동법만 제대로 알면 쉽게 'OFF'시킬 수도 있는 것이 바로 부정적 감정입니다.

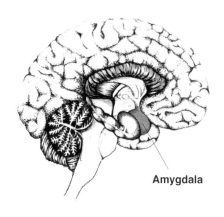

Amygdala

그림에서 머리 속의 빨간 부위가 아미그달라입니다. 우리 몸이 위험에 빠졌다고 판단되는 순간 즉각 빨간불을 켜고 분노, 증오, 슬픔, 절망, 공포 등 온갖 원시적 감정에 불을 댕기는 곳이지요. 그래서 두뇌과학자들은 아미그달라를 원시적 두뇌(primitive brain)라 부르기도 합니다. 생존을 책임지는 만큼, 두뇌 한가운데 변연계 가장 깊숙한 곳에 튼튼히 자리 잡고 있어요. 그리고 이 아미그달라가 빨간불을 켜는 기준은 다음과 같습니다.

A 상황 – 유쾌(pleasant)

: 생존에 유리한 상황은 '유쾌'로 분류한다. 남보다 더 많이 갖는다. 더 앞선다, 더 높아진다, 더 인정받는다, 더 사랑받는다 등의 생각이 드는 순간 즉각 그 상황을 '유쾌'로 분류해 파란불을 켠다. 일단 파란불이 켜지면 쾌감을 느껴 계속 유지하고 싶어 한다. 탐욕, 욕망 등의 원시적 감정이 생긴다.

B 상황 – 불쾌(unpleasant)

: 생존에 불리한 상황은 '불쾌'로 분류한다. 남보다 덜 갖는다. 뒤처진다, 낮아진다, 무시당한다, 사랑받지 못한다 등의 생각이 드는 순간 즉각 '불쾌'로 분류한다. '불쾌'로 분류되면 '위험' 신호(빨간불)가 켜진다. '위험' 신호가

켜지면 분노, 증오, 슬픔, 절망 등 부정적 감정이 생긴다.

C상황 - 중립(neutral)
: 아무런 영향을 끼치지 않는 상황이다.

　아미그달라가 빨간불을 켜는 기준을 자세히 살펴보세요. 꼭 어린아이를 닮지 않았습니까? 어린아이도 뭔가를 달라고 조를 때 얼른 주면 깔깔거리며 좋아해요. 또 다른 아이들보다 더 많이 갖거나 앞서도 좋아하고, 잘한다고 추켜세워도 함박웃음을 짓지요.

　어린아이가 이런 걸 좋아하는 이유가 뭘까요? 맞아요. 사랑받고 있다고 느끼기 때문이에요. 실제로 대부분의 부모는 아이가 어릴 때 무조건적인 사랑을 베풀어요. 아이가 해달라는 대로 다 해주지요. 그런데 이렇게 무조건적인 사랑에 길들여진 아이에게 갑자기 사랑이 끊어진다면 어떨까요? 예컨대 아이가 다른 아이들보다 덜 갖게 되거나, 뒤처지거나, 덜 인정을 받거나, 무시당한다고 느껴질 때는 어떤가요? 아이는 화를 터뜨리며 울어버려요.

즉 사랑을 못 받는다고 느낄 때
부정적 감정이 생기는 겁니다.
아미그달라도 어린아이와 똑같아요. 자신이 사랑을 받고 있다고
느낄 땐 파란불을 켜고, 사랑받지 못하고 있다고 느낄 땐
빨간불을 켜는 겁니다.

실제로 아미그달라의 정신연령은 5세 유아에 불과해요. 그래서 60세가 넘은 학식 높은 사람이라도 본능적 감정은 5세 유아와 똑같습니다. 왜냐하면 아미그달라가 5세 때 성장을 뚝 멈춰버리기 때문이지요.

이처럼 무조건적인 사랑을 기대하는 아미그달라가 우리 몸의 생존을 책임진 채 험한 세상을 살아간다고 생각해 보세요. 얼마나 많은 상처를 받겠습니까? 이 세상이 내가 남보다 더 갖고 싶다고 해서 더 갖고, 더 성공하고 싶다고 해서 더 성공하고, 더 인정받고 싶다고 해서 더 인정받는 곳은 아니잖아요? 우리 인생살이가 상처로 얼룩지는 건 바로 이 때문입니다.

무조건적인 사랑을 받는 5세 유아의 기대치를 갖고 살아가다 보니 실망하게 되고, 실망하다 보니 화가 나는 겁니다.

여러분이 직장에 첫발을 디딘 순간을 기억하시나요?

한편으로는 설렘도 있었지만,

다른 한편으로는 두렵고 불안했을 겁니다.

'과연 이곳에서 내가 잘리지 않고 무사히 밥벌이를 할 수 있을까?'

그래서 아미그달라는 눈곱만큼이라도 불리한 상황이 생기면 즉각 빨간불을 켜는 겁니다. 자칫 직장에서 잘리면 생존이 위험에 빠지니까요. 그래서 직장인들은 직장에서 상처받기 쉬워요. 생존을 위해 두렵고 불안한 감정을 꾹꾹 짓눌러놓고 견뎌야 하니까요.

아미그달라는 원래 야수들이 우글거리는 원시시대의 위험 가득한 환경에서 생존할 수 있도록 만들어진 경보신호예요. 예컨대 여러분이 어둠이 깔리기 시작하는 골목길을 걷고 있다고 상상해봅시다. 난데없이 바로 몇 발짝 앞에서 길쭉한 물체가 꿈틀거립니다.

"앗! 뱀이다!"

'위험하다'는 생각이 날아드는 순간 아미그달라는 번개처럼 빨간불을 켭니다. 동시에 공포, 두려움, 불안 등과 같은 부정적 감정들이 온몸에 퍼져나가지요. 모든 근육은 바짝 긴장해요. 그래야 재빨리 도망을 치든지, 아니면 맞서 싸우든지 할 거 아니겠습니까? 여러분이 너무 긴장한 나머지 발이 땅에 얼어붙었다고 가정해 봐요. 그 자리에서 꼼짝도 못 한 채 덜덜 떨고 있습니다. 그런데 잠시 후 저쪽에서 어떤 아이가 깡충깡충 뛰어오네요. 그러더니 아무렇지 않게 뱀을 밟고 뛰어가는 거예요. 그제야 여러분은 긴장을 풀고 그 길쭉한 물체를 자세히 살펴봅니다.

'아니, 이게 뭐야? 막대기잖아? 막대기를 뱀으로 착각했었어!'

빨간불이 켜진 원인이 근거 없는 것으로 드러나면서 빨간불이 'OFF' 됩니다. 온몸의 긴장도 확 풀리고 부정적 감정도 사라져요. 바로 이겁니다.

> 부정적 감정이 생긴 원인을 이해하는 순간 빨간불이 켜놓은 '위험' 신호는 해제됩니다. 물론 직장에서는 원시시대와 같은 물리적 위험은 거의 없지요. 대부분 '상사가 나를 무시한다', '남에게 뒤처진다', '잘릴지 모른다' 등과 같은 심리적 위험입니다. 하지만 원시적 두뇌

는 정신연령이 아주 낮아요. 그래서 심리적 위험에도 물리적 위험처럼 반응합니다.

부정적 감정의 더 근원적인 원인은

사랑의 단절입니다.

원래 우리는 사랑을 받기 위해 태어난 존재예요.

특별한 경우를 제외하고는 5세 때까지

부모로부터 사랑을 듬뿍 받아요.

하지만 어른이 되어간다는 것은

위험 가득한 세상을 혼자 헤쳐나가는 것이며,

무조건적인 사랑과의 단절을 뜻합니다.

그래서 우리 머리 속의 아미그달라는

수시로 빨간불을 켜게 되고,

인생이 상처로 얼룩지는 겁니다.

여러분은 사랑의 단절을 느낄 때 마음이 어떻게 달라지나요? 예컨대 여러분이 너무나 사랑하는 사람이 돌연 절교를 선언하고 떠나버렸다면?

그래요, 마음이 꽉 닫혀버려요. 두려운 겁니다.

아미그달라는 사랑을 잃으면 생존이 위험에 빠진다고 판단하거든요. 그래서 절망, 슬픔, 분노 등 온갖 부정적 감정을 품게 됩니다.

그럼 거꾸로 여러분이 사랑하는 사람과 감격적으로 다시 만난다면? 그렇습니다. 꽉 막혔던 마음이 다시 활짝 열립니다. 아미그달라가 사랑의 회복을 위험에서 벗어난 것으로 판단하는 겁니다. 그렇다면 여러분은 부정적 감정에 휩싸이는 순간 제일 먼저 뭘 해야 할까요? 그래요, 무조건 마음속을 들여다봐야 해요.

'내 마음속에 지금 어떤 생각이 떠 있지?'하고 생각해보세요. 그럼 자동적으로 마음의 공간이 열리게 됩니다. 생각은 마음의 공간 속에 들어있으니까요. 이 공간은 빛으로 가득하고 빛은 순수한 사랑입니다. 이 빛과 사랑의 공간이 넓어지면 넓어질수록 부정적 감정은 눈 녹듯 사라지고 상처도 치유됩니다. 그리고 모든 문제도 풀려요.

만약 '직장은 돈만 버는 곳이지 사랑 같은 건 필요 없어!'

라고 외치고 싶다면 그 안에서 외면 받고 있는 근원적인 목소리, '나는 직장에서 인정받고 싶고 사람들과도 큰 부딪힘 없이 지내고 싶다'는 목소리에 귀를 귀울여 보세요. 사람은 사랑으로 빚어진 존재이며 사랑을 추구하는 존재입니다. 서점에서 쏟아지는 자기계발서의 공통점을 한번 찾아보세요. 상황적 대안들을 제시하고 있지만 모두 근본적으로는 직장 등 내가 속한 무리에서 인정받고, 관계를 회복하며 즐겁게 일하는 방법에 대해 말하고 있어요. 그것은 곧 직장에서도 인간성을 유지하면서 사랑을 주고받고 싶다는 이야기입니다.

왓칭을 한다는 것, 즉 부정적 생각을 마음의 공간 속에 띄워놓고 바라본다는 것은 아미그달라에게 "위험은 사라졌어! 괜찮아! 그러니까 이제 그만 빨간불을 꺼도 돼!"라는 '위험 해제' 신호를 보내주는 거예요. 사랑의 단절을 느끼고 빨간불을 'ON'시켰던 아미그달라에게 사랑이 흐르는 열린 공간을 보여주는 거지요. 그러면 아미그달라는 단절됐던 사랑을 다시 느끼면서 빨간불을 'OFF' 시킵니다. 이

'OFF' 신호를 보내주지 않는 한 빨간불은 절대로 꺼지지 않습니다. 왜냐하면 섣불리 껐다가는 생존 자체에 위기가 올 수도 있으니까요.

6강에서는 직장이라는 생존의 싸움터에서 켜진 아미그달라의 빨간불을 어떻게 끌 수 있는지 구체적인 사례를 통해 이해하기 위해, 열 분의 직장인들을 만나봅니다.

저는
37세 8년 차 남성 직장인입니다

중소기업에서 대기업으로 이직해서 과장으로 근무하고 있습니다. 이직할 때는 중소기업보다 대기업이 업무에 체계가 있을 거라 생각해서 기대를 했었어요. 그런데 첫 출근을 하자마자 딱 느낀 것이 '개인주의'가 너무 팽배하다는 거였습니다.

성과로 많은 것을 평가하다 보니 경쟁도 심하고 각자 일은 나 몰라라 하는 경향이 컸어요. 예전 회사에서는 일이 많으면 서로 돕는 인간적인 분위기가 있었는데 지금 회사는 앞에 동료가 아무리 힘이 들어도 모른 척하며 신경을 안 씁니다.

사실 각자 맡은 일을 하고 성과로 평가하는 게 나쁜 것은 아니에요. 오히려 모든 직장인이 꿈꾸는 것이죠. 그런데 이렇게 '쿨'한 직장에 제가 받아들이기 어려운 선후배 문화가 있었습니다.

경력이나 나이와 상관없이 입사 기수로 상하를 나누고 꼬박꼬박 존대하고 선배의 말에 복종하고 불합리한 업무 지시도 군말 없이 들어야 하는 게 정말 받아들이기 어려웠습니다. 처음 그런 걸 봤을 때는 군대에 다시 온 것 같아 당황스럽기도 했고요. 그리고 제가 중간 입사자라 공채로 얽혀 있는 직원들 사이에서 낄 자리가 별로 없는 것도 큰 문제였어요.

입사하면서 내가 비록 공채는 아니더라도 그동안 쌓아둔 실력으로 노력하면 동료들에게 인정받고 나도 일원이 되겠지 하고 생각했습니다. 그래서 제 일은 물론 허드렛일까지 도맡아 하면서 사람들 마음을 얻으려고 애썼지요. 그러다 같은 프로젝트를 하던 어린 친구를 어떻게 부를지 몰라 그냥 '선배'라고 부르니 옆에서 다른 직원이 "너는 선배가 아닌데 왜 선배라고 듣고도 가만히 있냐"며 나무라더군요. 순간 멍한 기분이 들었습니다.

선배라고 부른 게 억울해서는 아니었습니다. 앞으로 이

런 문화를 어떻게 받아들이고 적응해야 할지 막막한 기분이 들어서였어요. 그리고 제게 존칭을 듣고도 그냥 씩 웃고만 지나가는 그 어린 친구에게 아무 말도 못 하는 저 자신이 조금 처량하게도 느껴졌고요.

지금은 많이 적응해서 업무 부분에 있어서는 큰 어려움 없이 해내고 있습니다. 하지만 여전히 선후배 문화는 적응이 되지 않아요. 사실 성과주의, 개인주의를 하고 싶으면 철저히 성과로만 판단하고 각자 자기 몫을 하면 된다고 여겨집니다. 그런데 일은 개인적으로 하면서 조직문화만 끈끈하길 요구하는 건 말이 안 된다고 느껴져요. 또 진짜 선후배라면 서로 돕는 게 맞다고 생각하는데 후배에게 뒤치다꺼리나 시키면서 존댓말 듣는 게 선후배 문화인가 싶어 씁쓸하고요. 그리고 선후배, 동기로 뭉쳐 다니면서 중간 입사자를 평가하고 따돌리려고 하는 것도 유치합니다.

절이 싫으면 중이 떠나야 하니 받아들이자고 저 자신을 설득하면서 눈을 감고 있지만 계속 이렇게 지내는 게 맞는 것인지, 나중에 후회는 되지 않을지 답답해지는 것은 어쩔 수가 없어요.

이분의 직장생활은 왜 유쾌하지 못할까요? 생존을 책임진 아미그달라가 '위험'을 느끼고 빨간불을 켰기 때문이에요. 그래서 우울한 감정이 생긴 겁니다. 이 부정적 감정을 놓아주기 전에 분명히 이해해야 할 근원적 이치를 다시 짚어봅시다.

앞서 마음은 내가 생각하는 대로 좁아지기도 하고 넓어지기도 한다고 설명 드린 바 있습니다. 시야를 무한히 넓히면 마음의 공간도 무한히 넓어져요. 따라서 무한한 공간의 어느 부분을 떼어내 내 마음의 공간이라 상상해도 아무 상관 없어요.

머릿속이 내 마음의 공간이라 상상하면
그곳이 내 마음의 경계가 됩니다.
방안 전체가 내 마음의 공간이라 상상하면
그곳이 내 마음의 경계가 돼요.

저는 처음 왓칭을 시작했을 때 제 눈앞 상공의 일정한 공간을 제 마음의 공간이라 상상했어요. 그 공간에 제 마음속의 모든 생각이 떠다닌다고 상상했던 겁니다. 그러다가 공간을 점점 넓혀서 지금은 우주 전체가 제 마음의 공간이 돼버렸지요.

직장에서는 창밖의 공간이나 사무실 내의 일정한 공간을 내 마음의 공간이라 상상하면 돼요. 그 공간에 나의 모든 생각을 투사시킨다고 상상해보세요. 영화관의 넓은 스크린 위에 필름의 모든 장면을 차례로 투사시키듯 말입니다.

생각은 언제나 내가 상상하는 공간에 가 있습니다. 내 머릿속 공간에 생각이 가 있다고 상상하면 거기에 가 있어요.

1,000km 멀리 떨어진 넓은 공간에 생각이 가 있다고 상상하면 거기에 가 있지요. 글자나 말에 생각이 담겨있다고 상상하면 거기에 담겨있어요. 그래서 남들이 나를 비난하는 글을 써서 인터넷에 올려놓거나 욕하는 말을 하면 나는 기분이 나빠지지 않습니까? 그럼 부정적 생각이 가득 담긴 상사의 잔소리가 공간에 떠 있다고 상상하면 어떻게 될까요? 상사의 잔소리는 실제로 공간에 떠 있게 돼요. 그래서

나는 아무런 상처도 받지 않게 되는 겁니다. 이처럼 생각은
내 말을 너무나 잘 들어요.

자, 그럼 창밖의 공간이
내 마음의 공간이라고
상상해 봐요.
그리고 내 마음속의 모든 생각이
거기로 투사된다고 상상합니다.
어떤 부정적 생각들이 떠오르나요?
그 생각들을 하나씩 가만히 바라봅니다.

'내 경력이나 나이가 존중되지 않는다.'
'실력을 인정받지 못한다.'
'공채 출신들끼리 뭉쳐있다.'
'중간 입사자를 따돌린다.'

이 부정적 생각들이 날아들면서 내 몸의 생존을 책임진 두뇌 아미그달라가 빨간불을 켰어요. 나의 생존에 '위험'이 닥쳤다고 판단한 거지요. 우선 이 생각들을 존중해줘야 합니다. 그리고 내 생존에 정말 위험에 닥친 건 아닌지, 이 생각들 하나하나의 의견에 진지하게 귀를 기울여봐야 해요.

먼저 '내 경력이나 나이가 존중되지 않는다'는 생각을 살펴봅시다. 내 경력이나 나이가 존중되지 않으면 내 생존은 정말 위험에 빠질까요? 정말 근거가 있는 생각이긴 해요. 내 경력이나 나이가 존중되지 않으면 별 경력도 없는 젊은 직원들한테 밀려날 테니까요. 하지만 적어도 지금 당장 내가 위험에 빠진 건 아니에요. 심리적인 불안일 뿐이지요. 그렇다면 '실력을 인정받지 못한다'는 생각은 '위험'의 근거가 되나요? 물론 이 생각도 근거가 있습니다. 내 실력을 인정받지 못하면 장기적으로 보아 퇴출될 위험성도 있는 거지요. '공채 출신들끼리 뭉쳐있다,' '중간 입사자를 따돌린다' 등의 부정적 생각도 마찬가집니다. 장기적으로 내 생존에 위험이 될 수 있는 환경인 건 맞지만, 지금 당장 발등에 떨어진 불처럼 위험한 건 아니에요. 아미그달라가 과잉반응을 보인 거지요. 그렇다고 아미그달라가 끌어들인 부정적 생각들을 강제로 쫓아내려 드는 건 금물입니다. 그럼 마음 속 깊은 곳으로 숨어버리니까요. 대신 마음속으로 이렇게 말해보세요.

'일리 있는 생각이야. 고마워. 내가 이해했으니 이제 자유롭게 떠나도 돼.'

이런 마음가짐으로 가만히 바라봅니다. 그럼 마음은 점점 고요해져요. 왜 그럴까요? 마음의 눈으로 바라보는 순간 내가 자동적으로 마음의 공간과 접속되기 때문이지요. 고요한 공간 주파수와 점점 동조되면서 마음의 공간은 점점 더 넓어지고, 부정적 생각들은 나와 분리됩니다.

부정적 생각들은 내가 마음의 공간을 좁혀놓고 있을 때만 그 속에 숨어 버려요. 하지만 내가 마음의 공간을 넓혀주면 그 공간에 흐르는 사랑을 느끼고 넓은 공간으로 자유로이 흩어집니다.

저는
36세 10년 차 여성 직장인입니다

중소 제조업체의 온라인 마케팅 부서에서 과장으로 일하고 있습니다.

저희 회사는 영업에서 온라인 마케팅 비중이 크지 않아 부서의 규모 또한 작습니다. 저와 부장님, 밑으로는 신입을 갓 벗어난 사원 한 명이 전부인데 사원은 고객관리 업무를 맡고 있기 때문에 실무자는 저와 부장님 둘뿐이라고 할 수 있어요.

부서의 규모는 작지만, 해야 할 일이 적은 것은 아니에요. 오히려 일당백을 해야 하는 경우가 다반수이죠. 그런데 저와 함께 일하는 부장님이 업무를 전혀 몰라서 갈등이 생깁니다.

부장님은 50대 중반으로 연세가 좀 있으시고 경력자도

아닙니다. 조금 더 속사정을 이야기하자면, 저희 회사는 오너 일가가 대표이사 및 임원직을 맡고 있는데 부장님은 대표님의 오랜 지인이에요. 한마디로 낙하산 인사이죠. 부장님은 마케팅과는 관련 없는 개인 사업을 하시다가 실패하고 2년 전쯤 저희 회사로 오게 되었고 제조 실무를 모르기 때문에 가장 만만한 마케팅 부서로 발령을 받았습니다.

　문제는 이 부장님이 실무를 잘 모를뿐더러 의욕 또한 없다는 겁니다. 그냥 자기 자리, 속된 말로 밥그릇 지키기에만 연연하면서 모든 일을 방관자처럼 처리해요.

　온라인 마케팅은 빠르게 바뀌는 시대 흐름을 파악하는 게 아주 중요해요. 그래야 고객과 소통도 할 수 있고 고객 피드백을 제품에 반영시킬 수도 있거든요. 그런데 저희 부장님은 최신 트렌드는 물론이고 마케팅 용어조차 잘 모르셔서 사내 회의는 고사하고 외부 미팅에서도 거의 말씀이 없고 얼굴마담처럼만 행동하십니다. 질문이 들어오면 '그런 건 과장이 처리할 것이다'라고 말하며 거래처와 관계 맺기에만 집중하시는 거지요. 그리고 중요한 의사결정까지 제게 맡기시며 일이 좀 늦어진다거나 하면 짜증을 내기도 하시고요.

사실 저는 제 일을 굉장히 좋아하고, 자부심도 있습니다. 또 부장님 때문에 제가 어렵게 다져놓은 직장을 놓치고 싶지도 않고요. 그런데 노력하는 자세가 없으면서 자리에만 급급한 낙하산 부장님과 함께 일하다 보면 가끔 화가 치밀어 올라 그냥 가방 들고 이 문을 나가 그대로 퇴사하고 싶은 생각도 들어요.

부장님을 이해해 보려고 시도를 안 해 본 것은 아닙니다. 저 나이에 처자식 먹여 살리겠다고 회사 나오는 것도 쉽지만은 않겠지, 부장님도 잘 모르는 일을 하는 게 불편하겠지, 하면서 부장님 입장이 되어 보려고 정말 많이 시도했어요. 하지만 그 생각 끝에는 '나 같으면 부끄러워서라도 일을 배우려고 하지 이렇게 민폐 끼치면서 있지는 않겠다'는 마음에 다다르곤 합니다. 그러면 없던 분노도 더 생겨나고요.

사실 부장님이 조금이라도 업무에 적응하려고 노력하셨더라면 저도 기쁘게 알려 드리려고 했을 겁니다. 그런데 능력 없고 의욕까지 없다 보니 저도 점점 벽을 쌓게 되고 가끔은 무시하는 마음도 생겨요.

직장생활을 하다 보면 '당장 때려치우고 싶다!'는 생각을 하게 되는 게 한두 번이 아닐 거예요.

저도 경력이 30년이 넘었지만, 원래 내성적이고 또 상처도 잘 받는 성격이라 기자라는 직업이 참 힘들었어요. 이를테면 기자로서 취재를 잘하려면 그 과정에서 타인에게 상처 주는 일 따윈 별 거 아니라고 여겨야 하는데, 저 같은 경우는 그게 쉽지가 않았거든요. 그러다 보니 일을 수행하면서 저 자신이 먼저 상처를 입곤 했어요. 그래서 늘 내게 안 맞는 옷을 입고 있는 것 같아 직업 자체를 바꿔야겠다는 생각도 했었지요.

한 번은 기자 일은 내 적성과는 정말 안 맞는다는 부정적 감정이 너무나 강하게 일어 완전히 퇴사를 결심하고 미국에 있는 다른 직장에 입사시험을 봐서 합격도 했습니다. 물론 왓칭을 알기 훨씬 이전의 일이지요. 아예 외국에 나가 살 생각을 했던 거예요. 그러고는 동료들은 물론 직장 상사들에게까지 작별 인사를 했어요. 그런데 막상 작별 인사까지 마치고 나니 고향에 계신 할머니와 부모님 생각이 나는 거예요. 한 번 나가면 언제 다시 들어올지, 아예 못 들어올지도 모르는데 이분들을 두고 떠나는 게 제 마음을 너무나 무겁게 짓누르더군요.

'내가 이런 마음으로 미국에 가면 행복할까?'

그 문제로 며칠을 밥도 제대로 못 먹고, 잠도 제대로 못 자고 고민을 했어요. 그런데 행복하지 않을 것 같다는 결론이 내려졌어요. 그래서 창피를 무릅쓰고 퇴사결정을 거둬들였습니다. 다행히 상사들도 기꺼이 받아들였어요.

> 그때 깨달았어요. 인생의 중요한 결정은 부정적 감정인 상태에서 해선 안 된다는 것을요.

분노, 절망 등 부정적 감정은 정신연령이 고작 5세 유아 수준인 아미그달라가 만들어내는 것이라 들쭉날쭉합니다. 무조건적인 사랑만 받으며 천방지축 멋대로 자란 5세 유아가 뭘 알겠습니까? 게다가 일단 부정적 감정의 거센 물결에 휩쓸려 들면 시야가 어두워져 앞뒤를 못 가리게 돼요. 또 원래 원시시대에 몸의 생존을 보장하기 위해 만들어진 것이라 현대 사회의 직장생활과는 잘 맞지도 않지요.

이 여성 직장인의 사례를 원시시대의 상황에 비유해봅시다. 서너 명의 원시인이 들소 사냥에 나섰어요. 어떤 사람이 커다란 몽둥이를 들고 들소를 향해 온 힘을 다해 내려칩니다. 나도 열심히 몽둥이질을 하지요.

들소를 잡아 다 함께 고기를 구워 먹는데 난데없이 어디서 낯선 원시인이 나타나 슬머시 큰 고기 덩어리를 집어 먹습니다. 그런데 한 번만 그러는 게 아니라 사냥을 할 때마다 큰 고기를 떼어먹어요. 사냥할 땐 시늉만 내놓고서요. 알고 보니 추장과 아는 사이예요. 추장은 매번 열심히 몽둥이질을 하는 내게는 아주 작은 고기 덩어리만 떼어 던져줘요. 세상에 그런 부당한 일이 어디 있습니까? 생존을 책임진 아미그달라가 빨간불을 켭니다.

'요것만 먹고 여기서 과연 생존할 수 있을까? 나중엔 뼈만 앙상하게 남겠어. 일만 죽도록 하고 이게 도대체 뭐야?'

그런 일이 되풀이되면서 분노와 두려움은 극에 달해요. 먹잇감을 찾기 극히 어려운 원시시대를 상상해보세요.

'여기서 그냥 참고 살다가는 죽도록 일만 하다가 굶어 죽기 십상이야.'

내 몸이 생존하기 위해서는 두 가지 중 한 가지를 선택해야 해요. 첫째는 그 낙하산 원시인을 두들겨 패서 다시는 나타나지 못하게 내쫓는 것, 둘째는 내가 다른 원시인 촌으로 도망치는 것이지요.

지금의 직장 사무실은 원시시대의 밀림과는 달라요. 하지만 정신연령이 5세인 아미그달라는 낙하산 부장을 여전히 낙하산 원시인으로 착각하고 있어요. 그래서 지금도 내가 생존하는 방법은 두 가지뿐이라고 여기고 있습니다.

첫째, 낙하산 부장을 두들겨 패서 내쫓는 것. 그러지 못하니 적개심만 부글부글 끓어오르는 겁니다. 둘째, 내가 다른 원시인 마을로 도망치는 것. 그래서 퇴사하고 싶은 충동이 드는 겁니다.

하지만 차분히 생각해 봐요. 내 몸의 생존이 위험에 빠진 건 분명 아닙니다. 지금 월급으로 내 몸이 생존하는 데는 큰 문제가 없거든요. 그렇다면 아미그달라가 빨간불을 켜는 더 근원적인 원인이 있는 걸까요?

일도 모르는 사람이 난데없이 낙하산을 타고 내려와 나보다 더 높은 자리에 올라앉아 월급도 더 많이 받으면서 일은 배울 생각도 안 한다면 어떻게 되겠습니까? 일은 다 내게로 돌아오지요. 나는 너무나 서럽습니다.

'나는 죽도록 일만 하고, 월급은 그대로고.'

만약 나를 끔찍하게 사랑하는 부모님이 이 상황을 지켜본다면 마음이 어떨까요? 너무나 아프시겠지요. 아마 가슴이 찢어질 겁니다. 부모님처럼 나를 사랑하는 사람들이라면 절대로 이런 식으로 나를 대하지 않을 거예요. 내 머릿속에 들어있는 아미그달라는 내가 부모님의 무조건적인 사랑을 듬뿍 받던 5세 유아의 감정에서 성장이 멈춰버렸습니다.

내가 겪어야 하는 세상도 부모님처럼 나를 늘 사랑의 눈으로 바라보고 대해줄 것으로 기대하고 있어요. 그런 기대를 갖고 험한 세상을 마주하고 있으니 얼마나 큰 상처를 받겠습니까? 하지만 어른의 몸을 가진 나는 그 상처를 꾹 짓눌러놓고 살아야 해요. 사방을 둘러봐도 내 억울한 사정에 귀를 기울여주고 문제를 풀어줄 사람은 보이지 않거든요. 그래서 상처는 점점 더 커져갑니다. 이것이 세상살이의 고통이에요.

이제 나를 무조건적으로 사랑해줄 사람은 정말 없는 걸까요? 나의 상처를 따뜻하게 어루만져주고 치유해줄 사람은 정말 없는 걸까요?

우리는 모두 무한한 사랑의 공간에서 태어났습니다. 그리고 다시 그 무한한 사랑의 공간으로 돌아갑니다. 그곳이 우리의 영원한 고향이에요. 그 고향은 바로 우리의 마음속에 있습니다.

상처가 너무 아파 견디기 힘들 땐
마음속을 들여다보세요.
마음속을 들여다보는 순간 자동적으로
마음의 공간이 열려요.

우리가 흔히 '생각이 떠오른다'고 말하는 것도
바로 '공간에서 떠오른다'는 뜻이거든요.
생각이 떠오르는 공간을 가만히 바라보세요.
어떤 생각들이 떠오릅니까?

'부장이 너무 일을 모른다.'
'일이 너무 내게 몰린다.'
'부장은 일을 배울 생각조차 안 한다.'
'부장은 일도 모르면서 짜증을 낸다.'

생각 주변의 공간을 조금씩 넓혀보세요. 공간엔 아무 한계도 없다는 사실을 알게 됩니다. 공간이 넓어지면서 내 마음은 점점 공간의 고요한 주파수와 동조돼요. 그러면서 고요해집니다. 그곳엔 무한한 사랑이 흐르고 있어요. 무한하기 때문에 내가 품고 있는 어떤 부정적 생각도 있는 그대로 다 받아들여요.

이처럼 내가 마음의 공간을 넓힐수록 내 작은 마음속에 갇혀 있던 부정적 생각들은 쉽게 풀려나갑니다. 낙하산 부

장에 대한 부정적 생각이 떠오를 때마다 이렇게 하세요. 부정적 생각이 사라질수록 부정적 현실도 사라집니다.

　사람에 대한 기대도 내려놓는 게 좋습니다. 5세 유아의 기대는 버리세요. 기대치가 높으면 실망하게 되고, 실망하게 되면 분노나 좌절감이 또 일어날 수 있거든요. 특히 매일 얼굴을 마주쳐야 하는 상황이면 더욱 그렇습니다. 낙하산 부장에 대한 기대치를 0~10까지의 눈금으로 표시해보세요. 수치가 높아질수록 기대치가 높은 겁니다. 화가 치밀 때 이런 질문을 해보세요.
　'부장에 대한 나의 기대치는 지금 얼마나 될까?'
　화가 많이 날 때는 기대치도 8~9로 치솟을 겁니다. 그럴 때 기대치를 3~4 정도로 슬며시 낮춰보세요. 그럼 화도 3~4 정도로 떨어질 겁니다. 그러다가 기대치를 0으로 낮춰보는 겁니다. 부장에 대한 기대를 전혀 하지 않는 마음입니다. 기대를 하지 않으니 실망할 일도 없어져서 화도 나지 않게 되지요.
　그런데 상대에 대해 기대치가 없는 것과 무시하는 것은

다릅니다. 상대를 무시한다는 것은 싫어하는 생각을 억누르다는 얘기예요. 또 다른 부정적 감정을 품고 있는 것이지요. 반면, 기대치가 없다는 것은 상대에 대해 기대하는 생각을 품지 않는다는 말입니다. 상대의 행동과 관계없이 내 마음은 늘 편안해져요.

저는
41세 15년 차 남성 직장인입니다

중소기업에서 팀장으로 일하고 있습니다.

저희 회사는 업무 특성상 타 부서 담당자와 일대일로 파트너가 되어 프로젝트를 진행합니다. 그래서 누구와 파트너가 되는지가 굉장히 중요하지요. 서로 성격도 성향도 업무 능력도 잘 맞아야 무리 없이 일이 진행되니까요.

제가 팀장이다 보니 그동안은 제 파트너도 거의 팀장급이었습니다. 서로 비슷한 경력이라 소통도 원활하고 존중하면서 일할 수 있었는데 타부서 팀장이 그만두면서 공석이 생기고 그 밑에 사원급 직원이 제 파트너가 되었어요. 그리고 그때부터 문제가 생겼습니다.

15년 경력인 저와 이제 신입을 갓 벗어난 파트너가 동등하게 업무를 처리하기는 처음부터 불가능했어요. 그래서 많이 배려해야겠다고 다짐했는데 이 친구는 그런 제 마음을 아는지 모르는지 굉장히 성의 없이 일을 해옵니다.

저희는 맡은 분야가 달라서 그 친구 업무를 솔직히 제가 속속들이 알지 못합니다. 그래도 경력이 오래됐으니 딱 보면 괜찮게 해왔는지 아닌지는 알 수 있어요. 그런데 이 친구가 해오는 것을 보면 정말 어이가 없어서 웃음이 나옵니다. 잘 모르는 제가 보기에도 노력 없이 대충했다는 게 느껴지거든요. 그래서 이 친구의 결과물을 받아 일을 이어 하는 데 난감한 상황이 종종 벌어집니다. 또 마감 시간도 제때 못 맞추고요.

파트너가 일을 제시간에 주지 않으면 저는 데드라인을 맞추기 위해 야근을 하고 주말에도 특근을 해야 합니다. 그런데 이 친구는 제가 야근을 하고 있어도 상관하지 않고 퇴근을 하면서 프로젝트는 어찌 돼가는지 관심조차 보이지 않아요. 남들은 쉴 새 없이 일을 시키는 상사 때문에 야근을 한다고 하는데 저는 일을 제대로 하지 않는 부하직원 덕분에 야근을 합니다. 그러고도 미안해하지 않으니 시간이 갈수록 미칠 노릇이고요.

업무 시간에도 이 친구는 집중하지 않고 인터넷이나 휴대폰을 만지작거리면서 시간을 보냅니다. 그렇다고 이 친구가 못된 친구냐, 또 그건 아니에요. 사석에서 만나면 굉장히 진솔하고 열정이 넘칩니다. 다만 업무에 들어가면 그런 모습이 깡그리 없어지고 책임감은 멸종된 것 같은 태도를 보여요.

요즘 젊은 직원들은 팀워크보다 개인생활을 중시한다는 이야기를 많이 듣고, 또 실제로 경험하기도 했어요. 그런데 자기 일을 똑바로 하면서 개인생활을 즐기면 그걸 누가 뭐라고 하겠습니까. 업무 능력이 아직 한참 모자란데 최소한의 일만 해놓고 나 몰라라 하니 앞이 깜깜한 거지요.

사실 그 친구는 연봉도 적고 지금 자기를 가르쳐줄 팀장도 없어서 일에 더 열정을 못 느끼는 것 같아요. 저도 그래서 친절하게 해주고 싶은데 당장 제가 일이 원활하지 않고 태도 또한 마음에 안 드니 마주치면 짜증이 나고 제 일도 제대로 하기가 어렵습니다. 그래서 점점 그 친구에게 언성이 높아지고 똑바로 해오라고 막말도 조금씩 나와요. 그 결과 파트너는 점점 소극적이 되어가고 제 프로젝트는 날이 갈수록 별로가 되어갑니다. 또 가끔 제가 아무것도 모르는 부하직원을 드잡이하는 꼰대처럼 느껴지기도 하고요.

지금 당장 파트너를 바꿀 수 있는 상황도 아니고 지적을 해도 성의를 보이지 않는 직원과 계속 일을 하는 것도 괴롭습니다. 또 이렇게 일을 해나가다 보면 업무 평가에서 제가 안 좋은 평가를 받을 가능성이 높고요.

이 상황을 해결할 방법은 없을까요?

직장에서 누군가와 함께 일하다 심한 갈등이 생기면 이런 의문이 들 때가 있지요.

'내가 어쩌다 저런 사람과 일하게 된 거지?'

나는 책임감을 갖고 열심히 일하는데 상대는 무책임하고 게으름만 피울 때 드는 의문이에요. 사람은 에너지체입니다. 〈3강 마음의 공간에 대한 이해〉에서 보여드린 인체 에너지장 사진을 다시 한 번 보세요.

에너지장엔 많은 생각이 이미지의 물결로 저장돼 있습니다. 심리학에서는 이를 '억눌린 자아'라고 불러요. 억눌린 자아는 내가 자꾸만 억눌러놓아 형성된 생각 에너지 덩어리예요. 그래서 실제로 독자적인 인격을 갖고 있지요.

> 여러분의 마음속에도 많은 자아가 도사리고 있습니다. '책임감이 강한 자아'가 들었는가 하면 '무책임한 자아'도 들어있지요. '부지런 한 자아'가 들어있으면 '게으른 자아'도 들어 있습니다.

만일 내가 책임감이 강한 사람이라면 '책임감이 강한 자아'가 내 마음의 표면 위에 떠오른 거예요. 대신 '무책임한 자아'는 마음속에 억눌려 있습니다. 두 개의 자아가 동시에 나인 양 행세할 수는 없으니까요. 마찬가지로 부지런한 사람의 마음속엔 '게으른 자아'가 억눌려있지요.

이렇게 억눌린 자아들은 큰 상처를 안고 있습니다. 어떤 사람을 작은 공간에 오래도록 무지막지하게 가둬놓는다고 상상해보세요. 그 사람은 점점 독기를 품지 않겠습니까? 자유를 억압당했기 때문이지요. 억눌린 자아도 마찬가지예요. 그래서 점점 독해지고 강해집니다. 그러면서 비슷한 주파수를 가진 사람들을 끌어들여요. 예컨대 내가 책임감이 강한 사람이라면 내 마음속에는 무책임한 자아가 억눌려있고, 이 억눌린 자아가 무책임한 다른 사람을 내 주변에 끌어들이는 거지요. 억눌린 자아도 생각 에너지 덩어리라 파동을 발산하기 때문에 일어나는 현상입니다.

저의 마음속에도 많은 억눌린 자아가 숨어있었어요. 저는 가난한 농촌에서 4남 1녀의 장남으로 태어났으니 어릴 적부터 책임감이 강해야 했어요. 책임감 때문에 결혼도 세 남동생들을 모두 출가시킨 뒤 꼴찌로 했습니다. 평생 농사일에 찌들려온 아버지의 짐을 조금이라도 덜어주기 위해서였어요. 또 결혼하기 전엔 휴가를 떠나거나 먼 곳으로 놀러 가 본 적도 없었어요. 그런 건 사치라고 여겼던 겁니다. 돈이 들까 봐 평생 학원을 다녀본 적도 없고, 방송국 입사 전까진 국내선 비행기 한 번 타 본 적도 없었지요.

중년이 되었을 때, 어느 날 퇴근길 지하철에서 감미로운 음악을 들었습니다. 〈고향의 푸른 잔디(Green Green Grass of Home)〉이라는 팝송이었어요. 너무나도 심신이 지쳐있던 때였습니다. 나도 모르게 눈물이 핑 돌았어요. 나도 이따금 잔잔한 잔디가 깔린 곳에 돌아가 쉬고 싶다는 생각이 들었던 겁니다.

집에 돌아와 앨범에 실린 몇 곡을 들어봤지요. 난생 처음 저 자신에게 건네보는 작은 위로였습니다. 대학 다닐 땐 그런 음악은 들어볼 엄두도 내지 못했었거든요. 하지만 다시 앨범을 서랍에 넣어두었습니다. 마음속에서 '아직 넌 해야 할 일들이 많아'라는 생각이 고개를 들었기 때문이에요. 제 마음속에 자리 잡은 '책임감 강한 자아'가 '놀고 싶은 자아'를 다시 짓눌러놓았던 겁니다. 그래서 저는 왓칭을 하면서 닫힌 마음을 여는 데 아주 오랜 시간이 걸렸어요. 억눌린 자아들의 상처가 너무나 커서 마음을 열어놓으려 하지 않았기 때문입니다.

내 눈앞에 나타난 게으르고 무책임한 직원은 바로 내 마음속에 억눌린 '놀고 싶은 자아', '무책임한 자아'가 끌어들인 것입니다. 비슷한 주파수의 생각 덩어리들끼리 서로 끌어당긴 거지요.

앞서 인생은 한 편의 영화라는 사실을 자세히 설명해드린 바 있습니다. 그리고 우리가 육안으로 보는 모든 것들은 연속적인 상(이미지)이라는 사실도 언급했고요. 사람도 생각이 만들어내는 상에 불과해요. 그래서 주파수가 비슷한 생각 덩어리들끼리 서로 끌어당기면 그 생각 덩어리들을 품고 있는 상들도 언젠가는 서로 만나게 되는 거지요.

그렇다면 책임감이 강하고 부지런한 내가

무책임하고 게으른 사람을

끌어당기지 않으려면

어떻게 해야 할까요?

내 마음속에 억눌러놓은

무책임하고 게으른 자아를 놓아주면 돼요.

그럼 그런 사람을 끌어당기는 에너지도

사라지니까요.

이제 다시 마음속을 들여다보세요. 어떤 생각들이 떠오르나요?

'무책임하고 게으른 파트너가 정말 싫다.'
'게으른 파트너 때문에 나만 손해를 본다.'

무책임하고 게으른 사람을 싫어하는 생각들이 차례로 떠오르지 않습니까? 책임감 강하고 부지런한 자아가 품고 있는 억압적인 생각들입니다. 이 억압적인 생각들을 놓아주어야 해요. 그래야 억압돼있던 무책임하고 게으른 자아들도 풀려나니까요. 생각들 주변의 공간을 넓혀보세요. 공간이 넓어지면서 생각들은 점점 나와 분리돼요. 그리고 고요한 공간의 주파수와 동조되면서 내 마음도 점점 고요해집니다. 이 고요함 속에 무한한 사랑이 흐릅니다. 이 고요한 공간에 흐르는 사랑이 내 마음속에 억눌려있던 모든 생각들을 놓아줍니다.

저는
29세 2년 차 남성 직장인입니다

저는 중견기업에서 2년 차로 일하고 있는 직장인입니다.

대학을 졸업하고 첫 직장으로 지금 회사에 입사하게 되었어요. 다들 그렇지만 저도 쉽지 않은 취업의 문을 열고 어렵게 지금 회사에 들어왔습니다.

저는 지방대학 출신입니다. 지방대학이라고 해도 꽤 괜찮은 대학이고 학점도 열심히 관리해서 좋은 편이었어요. 그리고 자격증도 많이 보유하고 영어 점수도 좋아서 흔히 말하는 스펙은 잘 갖췄다고 자부합니다.

제가 하는 일은 나름 전문직이라고 할 수 있어서 자격증을 얼마나 보유했냐, 얼마나 큰 프로젝트를 했냐가 경력에 큰 좌우를 해요. 그래서 일을 하면서도 틈틈이 더 좋은 자격증을 따리고 구준히 공부하고 있고 나름 일에 재미도 붙여가며 열심히 근무하고 있습니다.

그런데 얼마 전에 신입 사원이 들어왔어요. 저는 드디어 제게도 후배가 생겨서 반가웠죠. 그래서 후배가 업무에 잘 적응할 수 있게 도와주려고 마음먹고 사적으로도 친해지려고 노력했어요. 그 사실을 알기 전까지는 한없이 좋은 마음이었죠.

얼마 전에 사건이 터졌습니다. 퇴근하고 후배랑 맥주를 한잔 하는데 제가 장난삼아 연봉을 물어봤거든요. 그런데 이제 막 들어온 신입이 받는 연봉이 저보다 300만 원이나 많았어요.

그 얘기를 듣는 순간 표정관리가 안 되더군요. 그동안 제가 회사에서 일했던 것들이 떠오르고 자격증 따려고 퇴근 후에 공부하던 것도 생각났습니다. 그리고 얼마 전 연봉 협상에서 작년보다 200만 원 올려주면서 생색내던 팀장 생각도 났고요. 후배에게 신입치고는 꽤 많은 연봉인데 어떻게 그렇게 받을 수 있냐고 물으니 아무렇지도 않게 '입사할 때 희망연봉 적은 데로 됐다'고 하더군요.

저도 입사할 때 희망연봉을 적었고, 1년이 지나 협상을 할 때도 올려달라고 요구했었어요. 그런데 그때 팀장은 이런저런 이유로 깎았거든요. 집으로 돌아와 생각을 해보니 아마도 팀장과 신입이 같은 명문대학 출신이라서 편의를 봐줬다, 라고 밖에 결론이 안 나더군요.

저는 이미 경력이 있고 그 신입보다 자격증도 훨씬 많습니다. 그리고 회사에서 야근도 불사하면서 정말 충성을 다해 일했고요. 그런데 단지 지방대 출신이라서 신입보다 적은 돈을 받게 된 것 같아 저 자신이 초라하게 느껴졌어요.

그때 이후로 팀장도, 후배도 다 꼴 보기가 싫습니다. 지금 제 계획은 어서 빨리 3년을 채워서 더 좋은 회사로 보란 듯이 이직하는 거예요. 아무리 정성을 다해 일해도 이런 대접밖에 안 하는 회사라면 제가 충성할 이유가 없는 것 같아요. 그런데 3년이 되려면 아직 시간이 많이 남았고 매일 팀장과 후배를 마주해야 하는 게 괴롭습니다.

직장인들이 가장 민감하게 반응하는 게 바로 월급입니다. 승진에 민감한 것도 월급에 차이가 나기 때문이에요. 팀장이 나 몰래 신입사원에게 연봉을 300만 원이나 더 주고 있었다면 '팀장도 후배도 다 꼴 보기 싫다'는 반응이 나올 수밖에 없는 거지요.

아미그달라는 왜 내가 남보다 월급을 덜 받으면 빨간불을 켜는 걸까요? 그건 내가 생존경쟁에서 밀려나고 있다고 여기기 때문입니다. 하지만 이는 아미그달라의 '경보'일 뿐이에요.

후배가 나보다 연봉을 300만 원 더 받는다고 해서 지금 당장 나의 생존이 '위험'에 빠집니까? 그렇진 않아요. 그리고 내가 직장에 다니는 목적도 나의 생존을 위한 것이지, 직장 후배의 월급과 비교하기 위해 다니는 것도 아닙니다.

단지 기분이 나쁠 뿐이지요.

그런데도 왜 우리는 후배가 나보다 연봉을 더 받는다는 사실을 알게 될 때 극도의 절망감을 느끼는 걸까요? 그건 무조건적인 사랑에 익숙한 아미그달라가 후배보다 사랑을 덜 받는다고 느끼기 때문이에요.

제 아들이 다섯 살 때였어요. 거실에서 신문을 보던 저는 갑자기 '악!' 소리를 지르고 말았어요. 아들이 제 등 뒤에서 온 힘을 실어 제 머리 오른쪽을 향해 야구 방망이를 휘둘렀던 겁니다. 아마 제 머리통을 커다란 공으로 여겼던가 봐요. 오른쪽 귀에서는 윙 소리가 나고 눈에서는 별들이 번쩍거렸어요. 고통스런 얼굴로 뒤를 돌아보니 아들이 겁에 질린 얼굴로 야구 방망이를 들고 저를 쳐다보고 있었어요. 저는 화를 냈을까요? 아니에요. 얼른 아이를 끌어안고 "괜찮아. 놀랐지?" 하고 달래주었어요.

아이들은 이렇게 부모의 무조건적인 사랑을 받고 자라요. 그래서 모든 사람의 마음속엔 무조건적인 사랑에 대한 향수가 배어있습니다. 하지만 직장에 발을 디뎌놓는 순간 어떻습니까?

　직장에서 어른의 몸을 가진 나를 무조건 사랑해줄 사람
이 있을까요? 없습니다. 직장은 생계에 필요한 돈을 벌기
위해 많은 사람이 조건부로 만나는 곳이에요. 그래서 직장
에서는 모든 걸 따뜻하게 살펴보고 상처가 가지 않도록 배
려해주는 상사들을 만나기 어려운 거지요. 각자가 자기 몫
만 챙기려 드니까요. 그래서 5세 유아의 감정을 가진 모든
직장인이 상처를 받을 수밖에 없습니다. 특히 남이 나보다
월급을 더 받을 때 큰 상처가 생깁니다. 월급 자체보다 월
급의 크고 작음에 담긴 '사랑의 차이'를 느끼기 때문이지요.
그런데 이 상처의 강도는 내가 비교 범위를 넓혀 바라보느
냐, 좁혀 바라보느냐에 따라 크게 달라집니다.

　예컨대 나와 입사년도가 똑같은 직장인들이 멀리 떨어진
다른 회사에서 나보다 더 많은 월급을 받는다는 사실은 내
게 그리 큰 상처가 되지 않아요. 하지만 내가 다니는 회사
의 입사 동기가 나보다 더 많은 월급을 받는다는 사실을 알
게 되면 상처가 커져요. 그런데 한술 더 떠 같은 방에서 함
께 일하는 입사 동기가 나보다 더 많은 월급을 받는다면 어

띨까요? 상처는 어마어마하게 커집니다. 나는 회사에 환멸을 느끼게 되고, 그 동기까지 미워하게 돼요. 그리고 회사를 당장 때려치우고 싶어집니다. 그렇다면 왜 이런 현상이 나타날까요? 비교 범위를 좁힐수록 마음의 공간도 작아지기 때문입니다.

마음의 공간엔 무조건적인 사랑이 흘러요. 무조건적인 사랑이 작아지니 괴로운 겁니다. 거꾸로 비교 범위를 넓힐수록 마음의 공간도 넓어져요. 그럼 무조건적인 사랑도 커집니다. 무조건적인 사랑이 비교하는 생각을 녹여주는 거지요.

팀장이 같은 방에서 일하는 내 후배에게 나보다 연봉을 300만 원이나 더 준다는 건 나에 대한 팀장의 사랑이 별로 없다는 뜻으로 해석돼요. 그래서 상처를 받은 겁니다. 하지만 인간에 대한 기대는 언제나 실망과 상처로 이어질 수 있어요. 그럴 땐 마음의 공간을 넓혀서 사랑의 공간으로 들어가야 합니다.

비교 범위를 넓히면 마음의 공간도 넓어집니다. 비교 범위를 직장 내 전 직원들로 넓히면 어떻게 될까요? 모든 후배가 나보다 연봉을 더 받는 걸까요? 그렇지는 않을 거예요. 그럼 비교 범위를 직장 밖으로 더 넓히면 어떨까요? 내 또래의 모든 직장인이 나보다 연봉을 더 받을까요? 직장을 못 구해 노심초사하는 또래들은 없을까요? 이번엔 비교 범위를 중국이나 동남아로 더욱 넓혀봅시다. 아마 형편없는 연봉을 받으면서도 만족해하며 살아가는 사람들도 많을 겁니다. 아프리카까지 비교 대상으로 삼으면 어떨까요? 연봉은커녕 먹을 게 없어 굶어 죽는 사람도 부지기수입니다. 이런 비교는 나보다 어려운 처지의 사람들을 보며 안도감을 느끼자는 게 아닙니다. 비교 범위를 넓힐수록 나만의 집착적인 시각에서 벗어날 수 있다는 거지요.

이렇게 마음의 공간을 점점 더 넓히다 보면 전체를 보게 되고 비교하는 생각도 점점 사라져요. 나는 위안을 얻고 여전히 사랑받고 있다는 사실도 확인할 수 있습니다. 남과 비교하는 생각이 들어 괴로울 땐 마음속을 들여다보세요. 어떤 생각이 떠오르나요?

'후배가 나보다 연봉을 더 받아 기분 나쁘다.'
'팀장과 후배의 꼴도 보기 싫다.'
'지방대라 차별받는 거 같아 초라하게 느껴진다.'
'회사에 다니기 싫다.'

이 생각들이 마음의 공간에 떠오르는 대로 하나씩 가만
히 바라봅니다. 영화관의 스크린에 필름의 사진들을 투사
하듯, 마음속 생각들을 투사해보는 겁니다. 공간을 점점 넓
혀보세요.

그 생각들이 '나'입니까? 아니에요. 내 마음속
에 구름처럼 드나드는 것들입니다. 그런데도
나는 그 생각들과 한 덩어리가 되어 괴로워했
던 겁니다.

이렇게 생각은 '나'가 아니라는 사실을 깨달으면 생각은
더 쉽게 사라져요. 공간이 넓어질수록 마음은 더 고요해지
고, 고요 속에 흐르는 사랑과 평화를 확인할 수 있습니다.

그런데 여기서 사랑과 평화가 흐르는 공간은 무엇일까요? 그건 바로 내 마음, '진정한 나'입니다. '진정한 나'는 매일 음식을 먹어야만 형체가 유지되는 몸이 아닙니다. 몸은 내 영혼이 상처 치유를 위해 잠시 머무는 곳일 뿐이에요. 몸에 붙은 두뇌도 역시 '진정한 나'가 아닙니다. '진정한 나'는 두뇌와 몸이 사라져도 영원히 존재하는 무한한 마음입니다.

저는
31세 여성 직장인입니다

중소기업에 근무하고 있습니다. 이 회사에 들어오기 전에 취업 공백기가 길었어요. 그래서 입사할 때는 그저 직장이 생겼다는 사실만으로도 기쁜 마음이었습니다.

이곳은 고용이 안정되어 있지만 급여가 적습니다. 승진을 해도 급여에는 큰 차이가 없지요. 그래도 그냥 아침에 일어나서 갈 곳이 있고 매달 꼬박꼬박 밀리지 않고 월급이 나오는 직장이 있다는 것에 감사했습니다. 그다지 어렵지 않은 업무라는 점도 만족스러웠어요. 월급이 적은 대신 업무 스트레스가 적었고 퇴근 후에 제가 하고 싶은 일을 할 시간적 여유도 있었거든요.

그런데 몇 달 전에 인사이동이 크게 있은 후로 문제가 생겼습니다. 제 상사였던 분들이 다른 부서로 옮겨가고, 그 자리에 새로운 사람들이 왔는데요. 이분들이 저에게 지나치게 많은 일을 요구합니다. 예전에는 일하면서 중간중간 한숨 돌릴 틈이 있었는데, 이제는 온종일 정신없이 일해야 합니다. 퇴근 무렵엔 정말 진이 다 빠질 정도로요.

거기에 부장님이 실적 압박을 하기 시작했는데요. 사실 저는 실적을 내는 담당자라고 보기는 어렵습니다. 오히려 담당자의 보조 역할이 정확한 제 업무 내용이에요. 그런데 저에게 자꾸 실제적인 실적을 요구하니 당황스럽고 괴롭기도 합니다. 중간의 담당자는 이런 상황을 보면서 모른 척하고요.

처음엔 제가 맡은 일을 잘해내니까 믿고서 그러는 거라고 좋게 생각했는데, 시간이 지날수록 '왜 이런 얘기를 나한테 하고 있나? 책임자는 왜 쏙 빠져있나?' 하는 생각이 듭니다. 제가 그렇게 압박을 받는 모습을 보면서도 담당자는 여전히 무심합니다. 아마 압박을 받는 것이 자기가 아니라 저니까 그런 태도를 유지하는 것 같아요.

덕분에 요즘은 하루하루 마음이 무겁습니다. 아침에 눈을 뜨면 '오늘도 실적 압박에 시달리겠지'라는 생각이 들어

울적하고요. 출근해서 일을 하다가도 여전히 미꾸라지처럼 빠져나가고 있는 담당자를 보면 화가 나고 월급을 생각하면 더 화가 나요.

사실 저는 월급은 일하는 대가에다가 회사에서 받는 스트레스 금액이 포함되었다고 생각해요. 그래서 입사 초기의 적은 월급을 받아들일 수 있었는데 이제는 그 월급보다 스트레스가 월등히 오버되니 제가 지나친 감정노동을 하고 있다는 생각이 들어요.

처음에 마음에 들었던 '업무 스트레스가 적다'는 장점은 모두 사라졌고, 이제 그저 '적은 월급'만 남은 기분입니다. 제가 어떻게 처신해야 할까요?

왓칭 솔루션

여러분은 우주 사진을 보실 때 어떤 생각이 드나요? 저렇게 무수히 많은 별이 실제로 존재할까요? 지구 전체의 모든 모래알보다도 몇백만 배, 몇억 배나 더 많은 별이 실제로 존재한다는 게 믿기지 않을 겁니다.

사실이 그렇습니다. 무수한 별들은 공간에 떠 있는 환영입니다. 지구도 역시 공간에 떠 있는 환영이에요. 그렇다면 직장이나 사무실은 어떨까요? 공간에 떠 있는 지구라는 환영의 일부이지요. 여러분도 마찬가지로 환영입니다.

실제로 전자현미경으로 쪼개고 쪼개서 확대해보면 만물이 죄다 텅 빈 공간입니다. '내 머릿속에서 지금 어떤 생각이 떠오르지?' 하며 머릿속을 가만히 들여다보세요. 역시 텅 빈 공간입니다. 우리가 현실이라고 부르는 물질세계가 사실은 생각이 꼬리를 물고 만들어내는 연속적인 환영들의 영화예요. 가까이 보면 현실이 되고, 멀리 보면 현실이 그림으로 돌변합니다.

영화관에 들어가면 무대 위에 큰 스크린이 있어요. 원래는 그냥 백지 같은 공간이시요. 그런데 그 텅 빈 공간에 필름 속의 사진들을 연속적으로 투사시키면 영화가 상영됩니다. 똑같은 이치로 오늘 아침 눈을 뜬 순간부터 아침 먹고 직장에 갔다가 퇴근해 집에 앉아있는 장면들을 영화처럼 되돌아보세요. 눈앞의 커다란 공간에 투사시켜서 말입니다.

영화처럼 지나간 그 장면들은 손으로 만질 수도 없고, 육안으로 볼 수도 없어요. 이미 흘러간 장면들입니다. 지금 내가 앉아있는 이 모습도 내일 되돌아보면 이미 흘러간 장면이에요. 그 장면들을 되돌아보는 건 누구인가요? 바로 내 마음입니다. 인생 자체가 내 마음속에서 상영되는 영화인 거지요. 그 영화 속의 장면들을 만들어내는 건 누구입니까? 바로 꼬리를 물고 이어지는 내 생각입니다.

내가 시야를 좁혀 영화의 장면 속에 뛰어들어가면 나는 영화의 일부가 돼요. 영화가 너무나도 생생한 현실로 깜짝 변신하는 겁니다. 하지만 내가 시야를 넓혀 영화에서 벗어나면 영화는 말 그대로 영화로 되돌아가요. 원래의 허상으로 깜짝 변신한다는 얘기입니다.

만일 내가 매일 아침 눈을 뜰 때마다

'오늘도 실적 압박에 시달리겠지'라고

생각하면

어떤 영화가 상영될까요?

그렇습니다.

내가 실적 압박에 시달리는 영화가 상영돼요.

그럼 내 마음속에 담당자에 대한 분노,

그리고 일에 비해 적은 월급에 대한

분노가 가득하다면 어떨까요?

맞아요.

분노할 일이 이어지는 영화가 상영돼요.

　내 눈앞에 펼쳐지는 현실은 내 마음속 생각의 거울입니다. 마음속의 생각들이 무한한 공간이라는 스크린에 고스란히 투사되는 거지요. 물론 두뇌는 이를 알아차리지 못해요. 왜냐하면 바로 두뇌 속에서 생각이라는 필름이 끊임없이 돌아가거든요.

부정적으로만 돌아가는 내 인생 영화를 바꾸려면 두뇌 속에서 돌아가는 생각의 필름을 갈아 끼워야 해요. 즉 부정적 생각들을 말끔히 놓아주어야 합니다. 두뇌 속의 공간을 들여다보세요. 어떤 생각의 필름이 돌아가고 있나요? 그 생각들을 하나씩 자세히 살펴봅시다.

　　'실적 압박에 시달리는 게 싫다.'
　　'중간 담당자가 싫다.'
　　'적은 월급이 싫다.'
　　'시간 여유가 적은 게 싫다.'

　　두뇌 속의 공간을 넓혀봅니다. 공간이 커지면서 생각들은 저절로 사라져요. 왜냐하면 생각들은 마음의 공간이 두뇌만큼 작아질 때만 그 속에 갇혀버리거든요. 마음의 공간이 넓어지면 생각들은 그냥 달아나버립니다. 이렇게 부정적 생각들이 달아나면 부정적 현실도 멈추게 돼요. 부정적 생각의 필름이 사라졌는데 어떻게 부정적 영화가 상영될 수 있겠습니까? 부정적 생각이 떠오를 때마다 즉각 마음속을 들여다보세요. 부정적 생각이 사라지면 사라질수록 현실도 점점 밝아집니다.

그날 일어날 현실을 더 긍정적으로
바꾸고 싶다면
아침에 일어나 그날 하루를 어떻게 보낼지
미리 영화처럼 상상해보는 것도 좋습니다.
출근하는 순간부터
퇴근하기까지의 장면들을
미리 살펴보는 것이지요.

사무실 문을 열고 들어가 누구를 만나 어떤 표정으로 어떤 말을 주고받을지, 어떤 일을 어떻게 처리할지, 일이 너무 많아 스트레스가 생기면 어떻게 할지 등을 가벼운 마음으로 영화를 관람하듯 훑어보는 겁니다. 5분 정도로도 충분해요.

특히 하루 일과 중 예상되는 문제나 걸림돌들을 미리 살펴보고 '이럴 땐 어떻게 대응하는 게 좋을까?'라고 의문만 던져놓으세요. 그럼 하루를 지내면서 놀라운 변화가 나타날 겁니다. 의문을 던져놓았던 문제나 걸림돌들이 신기하게도 잘 풀리기 때문이지요.

왜 그럴까요? 하루 일과를 미리 바라보는 건 누구입니까? 바로 나 자신의 확장된 마음입니다. 마음이 확장될수록 점점 무한한 마음과 하나가 되고, 무한한 마음이 내 의문에 대한 답을 찾아주는 것이지요.

저는
42세 15년 차 여성 직장인입니다

공기업에서 차장으로 근무하고 있습니다.

저희 회사는 성비가 남성이 압도적으로 많습니다. 제가 처음 입사한 15년 전에는 전체 조직원 중에 여성이 저를 포함해 단 둘 뿐일 정도였고 지금은 그보다는 나아졌지만 그래도 이사진 등 주요 보직은 남성들의 몫이지요. 그래서 그런지 특이한(?) 남자들만의 문화가 있습니다.

전체 회식이 아닌 사적인 술자리는 남자들끼리 모이고 (사실 별로 끼고 싶지도 않지만요) 그 자리에 다녀오면 다음 날 직급과 상관없이 형님아우가 되어서 끈끈해집니다. 그리고 흡연실로 몰려다니며 쑥덕거리고 그렇게 맺어진 인연으로 자기들끼리 일을 처리하는 경우도 종종 있었어요. 심지어는 제가 참석해야 할 회의를 알려주지 않고 자기들끼리 결론을 내버려 저를 곤란하게 하기도 했지요. 가끔 그런 모습을 보면 유치하게 생각되기도 하고 무슨 얘기를 나누는지 궁금하기도 했습니다. 그리고 이런 남자들 틈바구니에서 살아남기 위해 적당히 묵인하고 적당히 무시하면서 차장까지 올랐지요.

그런데 제가 관리자의 입장이 되어 보니 남녀차별이 제가 생각했던 것보다 조직적이고 뿌리 깊다는 것을 정말 뼈저리게 느끼게 되었습니다.

가령 우수사원을 뽑는 일이 있으면 성과와 관련 없이 가정이 있는 남자직원을 우선시해야 한다는 사고가 남성들 사이에 자리 잡고 있습니다. 그래서 미혼의 여직원이 받아야 할 포상을 남직원이 받고 그것에 대해서 전혀 미안하게 생각하지 않아요. 덕분에 전체적으로 여직원이 근무평가를 잘 받는 일이 드물고 승진도 느립니다.

이런 상황을 보면서 그동안 제가 승진이나 포상을 제대로 받지 못했던 이유에 대해 정확히 알게 되었고 억울하고 화도 났습니다. 후배들에게만은 이런 전례를 물려주고 싶지 않아 업무 평가에 열심히 후배들을 추천해주고 기회도

만들어주려 하지만, 이런 저의 의도는 묵살되거나 비웃음
거리가 되기 일쑤예요. 그럴 때마다 이 사회에서 여성 직장
인이 인간으로서 제대로 대접받고 평가받는 게 얼마나 어
려운 일인지 느끼곤 합니다.

　공기업의 특성이라고 해야 할지 모르겠지만 나이 많은
상사들은 회식 자리에서 어린 여직원들을 마치 도우미처
럼 부리는 경향도 있습니다. 가령 노래를 잘 부르면서 분위
기를 맞추는 직원이 있으면 확연히 눈에 보일 정도로 아끼
는 척을 한다든가 일부러 그 여직원을 옆에 두려고 하는 것
이지요. 그런데 안타까운 것은 이런 몰지각한 남성 상사의
요구를 적극적으로 이용하는 후배 여직원들도 있다는 거
예요.

　일부 후배들은 상사의 눈에 들어야 한다는 강박이 있는
지 적극적으로 그런 자리를 따라다니고 웃으면서 비위를
맞춥니다. 그리고 그런 것을 싫어하는 다른 여직원들과 보
이지 않는 균열도 만들어내고 있지요. 이런 것은 계약직 여
직원일수록 더 그런 경향이 큰데 그런 상황을 보면 한심하
기도 하고 안쓰럽기도 합니다. 하지만 제가 나서서 '그러지

말라'고 하기도 조심스러운 상황입니다.

이런 저에게 가장 큰 스트레스는 바로 높은 자리에 있는 분들입니다. 그분들은 자기 눈에 고분고분하지 않은 여직원이 보이면 저에게 군기를 잡아야 하는 게 아니냐며 농담조로 얘기합니다. 그런 말을 들을 때면 저는 '과연 나는 지금까지 회사에서 어떤 존재였나' 하는 회의감이 들면서 저를 돌아보게 됩니다. 저도 혹시 그동안 보이지 않는 남녀차별을 그냥 받아들이고 인정하면서 살아온 것은 아닌가 싶어서요.

확실한 건 이제는 저와 제 후배들이 남녀가 아닌 그냥 능력과 자질로 평가받고 존중받길 바란다는 것입니다. 하지만 그 방법이 잘 보이지가 않아 저의 고민은 날로 깊어만 갑니다.

성차별은 동물들의 생존본능인 집단 이기주의의 산물입니다. 사람들의 의식이 점점 깨어나고는 있지만 본능적 이기주의는 지금도 많은 여성들에게 상처를 주고 있어요.

　하지만 상처가 견디기 힘들다고 당장 직장을 때려치울 수도 없는 노릇이지요. 그리고 나 혼자만의 힘으로 해결하기 어려운 사회적 문제이기도 합니다. 여기서는 성차별로 인한 상처에 개인적으로 어떻게 대처하고 치유할 수 있는지 살펴보기로 해요.

　사무실에서 성차별적인 발언이 튀어나올 때 아미그달라가 빨간불을 켜는 이유는 뭔가요? 맞아요. 여성을 무시하는 발언은 여성인 나의 생존을 위험에 빠뜨릴 수 있다고 판단하기 때문이에요. 내 마음속에선 즉각 부정적 생각이 떠오릅니다.

　'저런 몰상식한 말을 하다니! 대체 양식이 있는 남자야?'

　부정적 생각이 부정적 감정을 일으킵니다. 그리고 나는

그 감정에 휘말려 들고, 온몸엔 스트레스가 흐르지요. 그런 일이 되풀이돼 일어나면 상처는 점점 더 커져서 견디기 힘들어지는 겁니다.

그럼 이런 분위기 속에서도 상처를 받지 않으려면 어떻게 해야 할까요?

앞서 한 여름철 매미 떼들이 세상이 떠나가도록 한꺼번에 울어댈 때 생존하는 방법을 소개드린 바 있습니다. 매미 소리에 귀를 기울이면 귀청이 찢어질 듯 시끄러워요. 마음도 시끄러움으로 포화상태가 됩니다. 하지만 매미 소리가 흘러나오는 공간의 고요함에 귀를 기울이면 내 마음도 고요해집니다.

사무실 공간에서 성차별적인 발언이 수시로 튀어나올 때도 마찬가지예요. 그런 발언에 귀를 기울이고 있으면 마음속에서 거센 부정적 감정의 물결이 일어납니다. 온몸에도 스트레스가 가득 퍼져나가지요. 따라서 그럴 땐 성차별적인 말에 귀를 기울이지 말고, 그 말이 흘러나오는 사무실 공간의 고요함에 귀를 기울여보세요. 그럼 내 마음도 공간의 고요한 주파수와 동조돼 점점 고요해집니다.

상대와 상대의 생각을 분리시켜 바라보는 것도 좋은 방법입니다. 직장에서 성차별적인 발언을 아무렇지 않게 수시로 내뱉거나 성차별적인 행위를 하는 상사들과 마주칠 때 어떤 감정이 올라오나요?

'뭐 저런 인간이 다 있지? 자기 어머니한테도 저럴까?'

부정적 감정이 올라오면서 아마 상대가 사람으로 보이지 않는다는 생각도 들지 몰라요. 상대의 발언이나 행동을 그 사람과 한 덩어리로 동일시해버리게 되는 거지요. 발언이나 행동은 생각이 일으킵니다. 생각과 사람을 한 덩어리로 묶어서 생각하는 게 고통의 원인이에요.

예컨대 사람은 하루 평균 5만 가지 이상의 생각을 해요. 생각은 나가 아닌 거지요. 만일 생각이 나라면 나는 하루 평균 5만 개로 쪼개져야 하지 않습니까? 하지만 우리는 '생각은 곧 나'라고 철석같이 믿고 살아요. 생각과 나를 한 덩

어리로 믿는 거지요. 그러다 보니 온갖 부정적인 생각을 내 안에 쌓아놓고 살아가게 됩니다. 얼마나 고통스러운 일입니까? 생각은 나가 아니라 하늘을 드나드는 구름처럼 내 마음속을 드나드는 것이라 여기면 나와 분리시켜 바라볼 수 있는데 말입니다.

나의 생각이 나가 아닌 것처럼, 상대의 생각도 상대가 아닙니다. 상대의 생각도 나의 생각처럼 늘 변화할 수 있는 거지요. 직장에서 여성에 대해 성차별적인 생각을 품은 남성들이 아직도 많은 것은 참으로 불행한 일입니다. 많은 여성에게 상처를 안겨주니까요. 남성들이 자신들의 그런 생각을 객관적으로 바라보고 바꿀 수 있다면 얼마나 좋겠습니까? 하지만 현실은 그렇지 못한 경우가 너무 많아요. 너무나 뿌리 깊은 사회적 폐해이지요.

그렇다면 이처럼 성차별적인 직장 분위기 속에서 지내야 하는 여성들은 어떻게 하면 상처를 줄일 수 있을까요? 상대와 상대의 생각을 분리시켜 바라보는 게 좋습니다.

'저 사람이 왜 저런 생각을 품고 있을까?'

'저 사람의 마음속엔 왜 저런 성차별적인 생각들이
꽉 차 있을까?'

이렇게 상대와 상대의 생각을 분리시켜 바라보면 상처를
훨씬 덜 받게 됩니다. 왜 그럴까요? 상대와 상대의 생각을
한 덩어리로 바라보면 상대가 부정적인 말이나 행동을 할
때마다 상대가 미워지거든요. 그럼 누가 손해입니까? 그래
요. 미워하는 감정을 품고 있는 내가 손해예요. 부정적 감정
을 자꾸 품게 되니 스트레스가 갈수록 쌓이게 되거든요. 하
지만 상대와 상대의 생각을 분리시켜 바라보면 상대를 미
워하지 않게 돼요. 또 상대의 생각을 바라보려면 자동적으
로 상대의 마음속을 들여다보게 됩니다. 즉, 마음의 공간을
들여다보게 되는 거지요.

상대의 생각을 공간 속에 띄워놓고 바라보니
자연히 그 생각과 나 사이엔 거리가 생기고
나는 부정적 에너지에 휘말려 들지 않게 되는
겁니다. 이처럼 모든 부정적 생각이나 감정은

그것이 누구의 마음속에 들어있든 공간에 띄워놓고 바라보면 나는 영향을 받지 않아요.

저는 회사의 부서 관리자가 되면서 부서원들과 점심을 함께 먹어야 하는 경우가 종종 있습니다. 음식점에 들어서면 손님들이 떠드는 소리, 음식 나르는 소리, 주방에서 그릇끼리 부딪치는 소리 등 온갖 소음이 한꺼번에 쏟아져 나옵니다. 그 모든 소음에 맞서 싸우면 머릿속이 몹시 요란해지지요. 음식이 입으로 들어가는지 코로 들어가는지 알기 어려울 때도 있어요.

그런데 알고 보면 그건 내가 내 마음의 공간을 두뇌로 국한시켜놓기 때문이에요. 두뇌는 늘 생각을 품고 있다가 바깥에서 불쾌한 소음이 나면 맞서 싸우려 들거든요. 그렇다면 그럴 때 소음에 귀를 기울이지 않고 공간의 고요함에 귀를 기울이면 어떻게 될까요? 내 마음도 고요해집니다. 온갖 요란한 소리들은 그 넓은 공간 속에서 그냥 흘러갈 따름이에요.

성차별적인 분위기가 지배하는 사무실 공간이 괴로울 때
는 마음의 공간을 점점 더 넓혀나가는 상상을 해보는 것도
좋습니다.

- 나는 내 마음의 공간 속에 들어있다.
- 모든 직원도 내 마음의 공간 속에 들어있다.
- 회사 건물도 내 마음의 공간 속에 들어있다.
- 내가 사는 도시도 내 마음의 공간 속에 들어있다.
- 지구도 내 마음의 공간 속에 들어있다.
- 우주도 내 마음의 공간 속에 들어있다.

모든 직원이 내 마음의 공간 속에 들어있다고 상상하면
그 직원들이 생각하고 말하고 행동하는 모든 것들은 죄다
내 마음속에서 흘러갈 뿐입니다. 그럼 거부하는 생각, 즉 부
정적 생각들이 몽땅 사라집니다. 그리고 부정적 생각이 긍
정적 생각으로 전환되면서 현실도 점차 긍정적으로 변화
하게 되는 거지요. 이것이 왓칭이 일으키는 놀라운 기적입
니다.

성차별은 너무나 오래된 사회적, 문화적 폐습이라 뿌리가 깊습니다. 하지만 이 또한 사람들의 그릇된 생각이 만들어낸 것이지요. 보다 많은 사람이 왓칭을 통해 자신의 그릇된 생각을 놓아줄 수 있다면 얼마나 많은 상처를 줄이고, 우리 사회 또한 얼마나 밝아지겠습니까?

저는
35세 5년 차 남성 직장인입니다

대기업에서 5년 차 대리로 근무하고 있습니다. 대리라고는 해도 저는 저희 부서에서 막내입니다. 불경기라 신입사원을 뽑지 않고 있어서 그렇죠. 그리고 업무를 수행하는 팀원도 적은 편입니다. 팀장, 과장, 대리 셋이서 몇 년 동안 변함없이 일하고 있어요.

적은 인원으로 일하는 게 불만인 것은 아닙니다. 다만 매일 똑같은 사람과 변하지 않는 상하관계로 일하는 게 힘이 들어요.

처음 입사했을 때는 제가 업무도 모르고 나이도 어리니 선배들을 돕고 자잘한 심부름을 하는 걸 당연하게 여기고 열심히 했습니다. 그런데 그게 시간이 지나도, 제가 사원에서 대리로 승진을 해도 변함없이 이어지고 업무에도 과부

하가 생겨요.

　일을 모를 때는 몰라서 잡다한 심부름을 하고, 일을 알아
가니 이제 아니까 많은 일을 해내면서 심부름은 그대로 해
야 합니다. 그리고 이 막내 노릇은 업무에만 있지 않아요.

　선배들은 제가 입사했을 때부터 함께해서 그런지 저를
굉장히 편하게 생각하십니다. 그래서 좋을 때도 많지만 불
편한 경우도 종종 생겨요. 가령 집안에 안 좋은 일이 생겼
다거나 해서 기분이 안 좋을 때는 말조차 못 붙이게 하면서
냉랭한 분위기를 조성합니다. 어떨 때는 평소와 다름없이
일을 하는데도 제 업무 처리 방식이 합리적이지 않다고 하
면서 굉장히 감정적으로 시비를 걸기도 하고요.

　그럴 때는 제가 선배들의 화풀이 대상이 된 것 같은 기분
이 듭니다. 저도 개인적으로 힘든 일이 없지 않습니다. 하지
만 회사에서 사적인 감정을 드러내는 건 옳지 못한 일이라
생각해서 개인사는 접어두려고 애썼거든요. 더군다나 선배
들에게 제 개인감정을 드러내는 건 상상도 못 할 일이고요.
그런데 선배들은 제 기분은 아랑곳하지 않고 자기 컨디션
에 따라 저를 대합니다. 이건 제가 후배고 어리고, 한마디로

만만해서 생기는 일인 것 같아요.

또 선배들은 제 능력을 키워준다는 명목으로 업무를 몰아주기도 합니다. 그럴 때는 혼자 야근을 하기도 해요. 가끔 온종일 선배 기분을 살피다가 홀로 야근을 하고 있으면 저 자신이 처량하게 느껴집니다. 그런 저에게 선배들은 힘든 시기 버티면 좋은 날이 온다, 다 그렇게 성장한다고 하면서 격려 같은 말을 하는데 가끔은 그 말이 그냥 핑계 같고 어떨 때는 놀리는 것처럼 들립니다.

제가 생각하는 팀워크는 다 같이 협동하고 좋은 마음을 나누는 것인데 선배들의 태도를 보면 그냥 자리를 이용해 후배를 부려먹는 것처럼 느껴집니다. 그래서 가끔 선배들이 너무 한심하게 보이면서 저도 나중에 그런 모습을 답습할까 봐 두렵기도 합니다. 그리고 꼭 이런 식으로 해야 조직이 유지되는지 회의감이 들면서 직장이 싫어져요.

왓칭 솔루션

직장은 근본적으로 현대사회의 생존 경쟁터입니다. 그래서 무엇보다 '나의 생존'이 목적이지요. 이런 이유로 생존을 책임진 아미그달라의 원시성이 노골적으로 드러나는 곳이기도 해요.

아미그달라는 내가 높아지면 무조건 좋아합니다. 왜냐하면 높아질수록 아랫사람들을 부려먹을 수 있거든요. 나만 편하면 된다는 원시적 모습인데 자연히 아랫사람들은 상처가 쌓일 수밖에 없어요. 그렇다고 선배들에게 저항할 수도 없고, 직장을 때려치울 수도 없습니다. 생존을 위해서는 꾹 참는 수밖에요. 세상살이가 그래서 고달픕니다.

> 그렇다면 신은 왜 세상을 이런 식으로 돌아가도록 설계해 놓았을까요?
> 우리 마음속에 숨어있는 모든 상처를 털어내도록 하기 위해서예요.

226

선배들이 나 혼자 야근을 하게 하고 퇴근해버리면 어떤 감정이 올라오나요? 처량하고 서러운 감정이 올라와요. 분노도 솟아오릅니다. 만일 선배들이 그런 일을 시키지 않았다면 그런 감정이 올라왔을까요? 아닙니다. 마음속에 그냥 도사리고 있었을 거예요.

마음속에 도사린 처량함, 서러움, 분노는 바로 나의 상처입니다. 그 상처들은 언젠가는 털어내야 할 내 숙제와도 같아요. 내 영혼은 그 상처들을 들여다보고 털어내도록 선배들을 연기자로 보내온 겁니다. 선배들이 아무 의미 없이 내 곁에 온 것이 아니에요. 각자 나름대로의 연기를 하며 각자의 상처를 치유하기 위해 만난 겁니다.

영성 측면에서 '인연'은 다양한 모습을 갖춥니다. 내게 즐거움을 주는 인연도 있고 아픔을 주는 인연도 있지요. 어떤 인연은 너무나 해가 되기 때문에 악연이라 부르기도 합니다. 그런데 모든 인연은 의미가 있어요. 어떤 인연이든 우리는 그 관계 속에서 자신의 모습을 발견하고 성장하거나 좌절하거나 합니다. 쉽게 말하면 내가 만난 모든 사람은 영성의 '스승'이라는 이야기지요. 그런 의미에서 회사에서 만난

이기적인 선배들도 내 인생의 영적 스승이자 거울이라 할 수 있어요.

관계 속에서 생겨난 상처는 빨리 털어낼수록 좋습니다. 내 마음속에 상처가 너무 오래 갇혀있으면 독성을 띄게 돼요. 점점 악마로 변하는 거지요. 우울증, 알코올이나 마약, 도박 중독증 등 온갖 정신질환으로 이어질 수도 있어요. 끔찍한 범죄로 이어질 수도 있고요. 따라서 내 마음속의 상처가 드러나면 빨리 인정한 다음 치유해야 합니다.

선배들이 갖가지 핑계를 대며 여러 가지 일을 한꺼번에 내게 떠넘길 땐 어떤 감정이 일어납니까? 부당하다는 감정이 일어나요. 정말 부당한 일이지요. 혼자 야근을 해야 할 때는 서러운 감정도 일어나요. 세상이 참 야박한 곳이구나 하는 절망감도 들고요. 이것도 역시 아미그달라의 원시적 감정입니다.

5세 때까지 나는 부모님의 무조건적인 사랑을 받고 자랐어요. 그래서 세상 사람들이 이렇게 이기적이고 부당하고 야박하게 대하리라고는 꿈조차 꾸지 못했습니다. 부모님은 나를 그렇게 대해주지 않았거든요. 만일 나를 애지중지 키웠던 부모님이 이런 상황을 아신다면 어떻게 하실까요? 당장 달려와 나를 감싸 안고 눈물을 뿌리실 겁니다.

하지만 우리는 배움을 위해 태어났습니다. 상처를 치유하고 무한한 더 큰 사랑의 품으로 돌아가기 위해 태어났어요. 내 마음속에 숨겨진 상처를 덮어놓지 않고 겉으로 드러내 치유하기 위해 태어난 거예요.

> 처량함, 서러움, 억울함, 부당함, 분노, 증오…
> 이 모든 감정이 올라올 때마다 정면으로 맞이하세요.

> '그래. 내가 이 모든 감정을 내 작은 마음속에 억눌러놓고 있었구나. 미안하다. 이제는 자유를 찾아 무한한 공간으로 떠나거라.'

눈앞의 넓은 허공을 영화관의 스크린이라 상상해 봐요. 그 허공에 처량함이란 글자가 떠 있다고 상상합니다.

'처량함이란 감정은 왜 생겼을까?'

그건 선배들이 나를 공정하게 대해주길 기대했기 때문이에요. 선배들에 대한 기대치를 0~10까지의 눈금으로 측정해봅니다. 혼자 야근할 땐 몹시 처량해져요. 그럴 때 선배들에 대한 기대치는 어느 정도나 될까요? 9 이상 될 거예요. 기대치가 높기 때문에 실망도 크고, 실망이 크기 때문에 처량함도 큰 겁니다. 기대치를 5 정도로 낮춰보세요. 그럼 처량한 감정도 낮아집니다. 기대치를 2 정도로 낮춰보세요. 그럼 처량한 감정도 더욱 낮아져요. 기대치를 0으로 낮추면 처량함은 완전히 사라집니다.

모든 감정엔 원인이 되는 생각이 있고, 그 원인이 되는 생각을 놓아주면 감정도 사라져요. 감정이 사라진 자리엔 평화가 차오릅니다.

저는
30세 매장 근무 남성 직장인입니다

서비스 업종에 종사하고 있습니다. 제가 근무하는 곳은 회사라기보다 '매장'이라고 해야 더 정확할 거예요. 저희 매장은 직원이 세 명이고 대표까지 함께 나와 네 명이서 일을 합니다. 직원 중에 하나는 대표의 동생이고요.

사람을 상대하는 서비스 업종이라서 손님들을 응대하는 게 쉬운 일은 아닙니다. 그런데 그보다 더 어려운 게 바로 공과 사의 구별이 없는 대표를 상대하는 거예요.

매장에서는 모든 것이 손님 위주라 정해진 점심시간도 정해진 휴가도 없습니다. 손님이 없을 때 밥을 먹고 비수기라고 느껴지면 각자 돌아가면서 휴가를 가는 식이지요. 제가 이 직업을 택했으니 사무직처럼 정해진 시간이 없는 건 당연히 받아들여야 하는 부분입니다. 그런데 아무리 그렇다 해도 기본적인 배려를 못 받다 보면 이렇게까지 일을 해야 하나 하는 생각이 들어요.

가령 손님이 점심에 몰리면 대표가 먼저 식사를 나가고 직원들은 대표가 돌아오면 식사를 하러 갑니다. 어떨 때는 너무 바빠서 점심을 오후 4시에 먹을 때도 있고 저녁 6시까지 못 먹을 때도 많아요. 그럴 때 센스 있는 대표라면 빵조각이라도 사다줄 만한데 전혀 그런 배려는 없습니다. 그리고 말로 모든 것을 때우려고 하지요. '고생한다' '고맙다' '장사 잘되면 나 혼자 다 가지지 않겠다' '너에게 우리 가게가 도움이 될 거다' '네가 있어서 든든하다'고 하면서요.

또 작은 사업장이고 직원 중 하나가 대표의 동생이다 보니 매장이 내가 근무하는 직장인지, 아니면 그쪽 집안의 놀이터인지 구별이 안 갈 때도 많습니다. 대표나 대표 동생의 가족이 매장에 들러서 공짜로 서비스를 받고 가는 경우도 많고 심지어는 회식 때도 오거든요. 이왕 회식하기로 했는데, 그리고 인원도 적은데 집에 있는 가족들도 부르자는 식입니다. 솔직히 저는 회식이 귀찮고 그냥 집에 가서 쉬고 싶은 생각뿐입니다. 그런데 억지로 회식 자리에 끌려가 대표 가족들과 같이 밥을 먹고 있으면 너무 불편하고 남의 집 안 모임에 낀 것 같아요. 거기에 대표의 아이들까지 와서 떠들어대고 제가 그 애들과 말상대를 해야 할 때면 수치심 까지 들고요.

　대표는 종종 우리는 적은 인원이 일하니까 격 없이 지내 야 한다고 하면서 가족 같은 연대감을 강조하고 제가 선을 그으면 이런 것도 이해를 못 해주냐고 하면서 서운한 감정 을 내비칩니다. 그런데 직원은 남이지 가족이 아니잖아요. 또 가족인데 왜 월급이나 복지 얘기를 하면 갑자기 남으로 돌변하는지도 이해가 안 됩니다.

　매장에 손님이 많이 오고 초과근무도 밥 먹듯이 하는 터 라, 그리고 제가 매출을 많이 올린 것도 있어서 수당 얘기 를 했더니 이번에 매장에 기구를 새로 바꾸고 근처에 2호 점 오픈 준비 중이라 어렵다며 이해해달라고 합니다. 그리 고 2호점이 생기면 그때 꼭 제게 중책을 맡기겠다며 기다 려달라고 하고요. 하지만 저는 알고 있어요. 저보다 매출이 적은 대표 동생이 저보다 더 많은 월급을 받으면서 힘든 일에는 은근히 제외되고 있고 2호점이 생기면 동생이 관리자가 되지 제가 되진 않는다는 것을요.

대표의 말을 믿지도 않지만 그런 말을 들으면 정말 이 사람은 아쉬울 때만 가족이고 불리할 때는 남이구나 하는 생각이 듭니다. 그리고 저는 대표와 가족처럼 지내고 싶은 순진한 마음은 한 톨도 없습니다. 그냥 남과 남, 계약관계로 서로 지킬 선을 지키고 싶을 뿐인데 가족 같은 직장이 부담스럽습니다.

왓칭 솔루션

세상 사람들이 늘 공정하고 정직하다면 얼마나 좋을까요? 하지만 사람들은 본능적으로 나만의 생존에 집착하는 아미그달라에 끌려다녀요.

아미그달라에겐 내 몸이 경계선입니다. 그리고 내 몸을 벗어난 건 무조건 경계의 대상이지요. 예컨대 침, 피, 음식물을 보세요. 내 몸속에 들어있을 땐 내 몸에 꼭 필요한 것으로 받아들입니다. 하지만 내 몸을 벗어나는 순간부터 거부감을 갖고 바라보게 돼요. 내가 뱉은 침, 내가 흘린 피, 내가 토한 음식물도 '더럽고 싫다'라고 분류해버리지 않습니까? 사람을 분류할 때도 내 가족은 내 편이고, 나머지 사람들은 내 편이 아니지요. 이것이 인간의 본능적 감정입니다.

회사 대표가 일도 적게 하는 자신의 동생에겐 많은 월급을 주면서 온갖 일을 하는 나에겐 적은 월급을 주는 것도 아미그달라의 이기적 본능입니다. 사실은 회사 대표가 나쁜 건 아니에요. 그의 마음속에 들어있는 이기적 생각이 나쁜 거지요.

　나쁜 생각을 품고 살아가는 건 상처를 안고 살아가는 겁니다. 책 앞부분에서 살펴보았듯, 우리 마음속에는 너무나 많은 상처가 들어있습니다. 이 상처들은 마음의 공간이 나로 좁아지면 좁은 공간에 갇혀 빠져나가기 어렵게 돼요. 마음의 공간을 넓혀줘야 넓은 공간으로 풀려나갈 수 있을 텐데 말입니다. 그래야 마음도 활짝 열려서 평화가 흐르는 무한한 공간과 하나가 될 수 있는 거지요.

　갇힌 상처들이 곪을 대로 곪은 뒤에 터져 나오면 얼마나 고통스럽겠습니까? 남에게 베풀지 못하고 돈에만 집착하는 사람들이 나중에 고통스런 죽음을 맞는 것도 다 그런 이유 때문이에요.

　자신의 가족만 챙기는 회사 대표와 매장에서 함께 일하는 건 정말 괴로운 일입니다. 대표가 나를 자신의 가족과는 완전히 분리된 존재로 대하면 나도 자연히 대표를 완전히 분리된 존재로 대할 수밖에 없는 거지요. 대표가 이기적으로 나를 대하면 나도 이기적으로 대표를 대하게 돼요. 그리고 매장에서 일하는 것도 점점 싫어지고요. 그렇다고 이렇게 서로 이기적으로 지내는 게 나한테 득이 될까요? 아니에요. 나도 대표처럼 닫힌 마음을 갖고 살아가게 돼요. 그리고 대표처럼 많은 상처를 껴안은 채 인생을 살아가게 됩니다. 그러고 보니 대표는 바로 나를 비춰보는 거울이네요. 놀랍지 않습니까? 내가 이기적인 사람이라고 욕했던 대표가 바로 내 마음속에 들어있다는 사실이?

> 만일 이기적인 대표가 내 눈앞에 나타나지 않았다면 나는 내 마음속에 이기적인 생각이 숨어있다는 사실을 알아차릴 수 있었을까요? 몰랐을 겁니다. 모든 현상이 그렇습니다. 내 눈앞의 현실은 내 마음속의 생각을 고스란히 반영해요.

만일 내 눈앞에 꼴 보기 싫은 사람이 나타났다면 그건 내 마음속에 '꼴 보기 싫다'는 생각이 숨어있기 때문이에요. 그래서 모든 사람이 나의 치유를 돕는 존재들입니다. 단지 우리가 알아차리지 못할 따름이지요. 이런 사실을 깨닫는 것만으로 상대에 대한 부정적 생각이 수그러듭니다. 왜냐하면 상대를 내 마음속의 생각으로 받아들이게 되니까요.

이것은 불합리한 현실을 그저 수용하자는 것이 아닙니다. 잘못된 현실 속에서 다치고 뭉개진 나의 마음을 먼저 돌보고 치유하는 것이지요. 마라톤을 뛴다고 생각해보세요. 숨이 차오르는 것을 견뎌가며 열심히 달리고 있는데 돌부리에 걸려 넘어져 무릎에 피가 났습니다. 그때 하필이면 거기 있는 돌부리에 원망하는 마음이 불같이 일어날 거예요. 하지만 먼저 우선되어야 할 것이 다친 나의 무릎의 피를 닦는 것입니다.

왓칭도 이와 같습니다. 먼저 나의 마음과, 숨겨진 나의 자아와 만나고 치유하는 것, 그러면서 앞으로 나아가도록 이끄는 것이지요.

저는
38세 비혼 여성 직장인입니다

비영리단체에서 근무하고 있습니다.

몇 년 전 저는 높은 연봉과 경력을 포기하고 현재 회사로 이직했어요. '사회적기업'에서 일하며 보람을 느끼고 싶었고 좋은 사람들과 공동체 생활을 하고 싶었거든요. 그런데 이직을 하고 몇 달 안 되어 알게 되었습니다. 이곳도 '사람'이 모이는 것이고 '한국'이고 '남성'들이 주류라는 것을요.

사실 저는 예쁜 편은 아닙니다. 외모에 큰 관심이 없다는 게 더 정확한 표현일 거예요. 그냥 깨끗하면 된다고 생각하는 주의이고 또 몸매도 다소 통통하고요.

예쁘지 않은 여성, 나이 많은 여성, 비혼 여성에게 내려지는 여러 평가에 대해 그동안 신물 나게 경험했습니다. 그리고 지금 회사로 오면 그런 평가에서 벗어날 수 있지 않을까

기대도 조금 했고요. 하지만 그건 오산이었습니다.

입사하고 몇 달이 지나 저희 부서에 어린 여직원이 입사했어요. 예쁘고 싹싹해서 저도 좋아하는 후배였지요. 그 후배와 같이 회식을 하는데 후배가 밥을 덜어놓고 조금만 먹더군요. 저는 그냥 제 몫의 밥을 먹고 있었습니다. 그때 상사분이 후배에게 왜 더 먹지 않냐고 물으니 후배는 그냥 저녁은 적게 먹는다고 하더군요. 그때 상사분은 저를 바라보며 씩 웃더니 "○○씨는 자기관리를 참 잘하네. 그래서 날씬한가 봐." 하더군요. 저는 순간 당황했지만 아무 말도 하지 않았습니다.

밥 한 공기를 다 비우는 뚱뚱한 여자는 자기관리를 못 하는 여자라는 공식이 말도 안 된다고 생각하지만, 거기서 반발을 하면 외모도 별론데 성격까지 별로라는 평가가 또 내려진다는 걸 알기 때문에 저는 일부러 무시했습니다. 그리고 그것은 회사에서 겪는 평가의 시작이었어요.

몇 년 동안 저는 업무 평가와 더불어 수많은 개인적인 평가 또한 받아야 했어요. 삼십 대 후반의 비혼주의인 저에게 많은 남직원이 "네 나이면 여자로서는 끝난 거 아니냐"라는 말부터 시작해 "정말 남자 만날 생각은 없느냐" "헤어스타일을 바꾸면 젊어 보일 것 같다"는 말까지 다채로운 평가와 조언을 들었습니다. 그때마다 저는 그냥 무시하기도 했고 받아치기도 하며 지냈습니다. 그런데 제가 정말 괜찮아서 무시한 건 아니에요. 외모 평가는 아무리 들어도 적응이 안 되는 폭력이거든요.

제 외모에 대해 서슴없이 말하는 회사 남자들의 외모는 기도 안 찹니다. 배도 나오고 머리도 벗겨지고 패션 센스도 별로입니다. 거기다 여름에 땀 냄새, 담배와 믹스 커피가 합쳐진 입 냄새는 어떻고요. 정말 옆에 오는 게 싫을 때도 종종 있습니다. 하지만 저는 한 번도 그들의 외모에 대해 냄새에 대해 이야기하지 않았어요. 입이 없고 눈이 없어서가 아닙니다. 그저 예의가 아니라고 생각했기 때문이죠.

사실 여성들에게 가해지는 외모 평가는 회사가 아니더라도 숨 쉬듯이 들을 수 있습니다. 그래서 더욱, 회사에서라도 듣고 싶지 않아요. 회사는 한 사람으로서 존중받으며 다니고 싶을 뿐입니다. 제가 업무 처리가 형편없고 손톱에 때가 낀 남직원을 동료로 존중하는 것처럼 말이에요.

사람들은 왜 남의 외모를 평가하려 들까요? 이것도 역시 아미그달라의 원시적 생존본능입니다.

아미그달라는 자신이 높아지면 파란불, 낮아지면 빨간불을 켜요. 자신이 높아져야 생존 가능성도 높아지니까요. 자신이 높아지기 위해서는 남들을 깎아내려야 해요. 그래서 사람들은 모이기만 하면 으레 남 험담을 하며 고소해 합니다. 특히 직장인들은 점심시간에 상사에 대한 뒷담화를 즐겨요. 높은 사람을 깎아내려 자신들이 올라서고 싶어 하는 생존본능이지요.

여성들에 대해서는 외모로 평가하는 경우가 많아요. 여성들의 외모를 집단적으로 깎아내림으로써 집단적인 우월감을 느껴볼 수 있는 기회거든요. 세상은 여성들에게 예쁘고 날씬하라 말하는데 외모가 가장 쉽게 여성을 평가하면서 꼼짝 못 하게 하는 수단이라 그렇습니다. 또 그동안 남성 위주의 사회였고 이것이 문제라고 딱히 여기지 않았기 때문이기도 해요.

남의 외모에 대해 이러쿵저러쿵하는 사람들을 가만히 살펴보세요. 일단 외모가 별로인 경우가 정말 많아요. '난 외모가 별로야'라는 생각이 마음속에 깔려있으니 그런 말이 쉽게 튀어나오는 겁니다. 그리고 "남자는 외모보다 능력이지만 여자는 능력이고 뭐고 외모가 1순위 아니냐"라는 말을 가만히 들여다보세요. 여성의 능력은 인정하지 않고 마치 상품처럼 외형적인 존재로 가치를 깎아내려 보려는 심리가 깔려있지 않습니까? 겉모습이 잣대인 사람은 내면이 공허해요. 내면이 공허하니 남을 손쉽게 평가할 수 있는 위치에 올라섬으로써 우월감을 느껴 내면을 채워보려는 것이지요.

그렇다면 우리는 왜 외모를 평가받으면 깊은 상처를 받는 걸까요? 어린 시절로 거슬러 올라가 봐요. 모든 감정은 5세 이전에 형성되니까요. 여러분이 어린 시절, 엄마가 외모를 잣대로 여러분을 평가했을까요? 아니에요. 태어난 모습 그대로 받아들여졌어요.

"넌 너무 못생겼어."

"넌 너무 살쪘어."

"넌 몸이 기형적이야."

적어도 어린 시절에는 이런 말을 듣지 않습니다. 우리는 유아 시절에 세상에서 가장 사랑받는 존재였어요. 하지만 세상에 발을 내디디는 순간부터(심지어 초등학교에 들어가는 순간부터) 외모에 대한 심판이 시작됩니다.

"안 예쁘다" "너무 살쪘다" "너무 말랐다" "너무 크다" "너무 작다"… 무심코 내뱉는 이런 말들이 무조건적인 수용을 받고 자란 마음에 상처를 줍니다. 그리고 여성들의 경우에는 상처가 더욱 커요. 남성들보다 평가의 말을 몇 배는 더 듣기 때문이지요.

그런데 남의 외모를 평가하고 비하하는 말은 듣는 사람의 가슴에 못질을 하는 거예요. 또 알고 보면 그런 말을 하는 사람 자신의 가슴에도 스스로 못질을 하는 겁니다. 왜 그러냐고요? 인체 에너지장 도형을 다시 보세요.

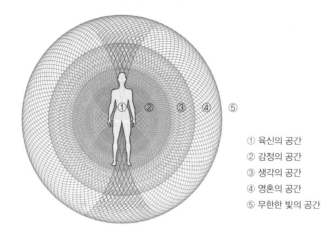

① 육신의 공간
② 감정의 공간
③ 생각의 공간
④ 영혼의 공간
⑤ 무한한 빛의 공간

육신은 영혼의 공간에 둘러싸여 있습니다.

영혼의 공간엔 많은 상처가 들어 있어요.

내가 남한테 받은 상처뿐 아니라

남한테 가한 상처도 함께 저장돼 있습니다.

영혼은 양심을 갖고 있어서 이 모든 상처를

마음속에 꼬박꼬박 저장해둡니다.

만일 내가 어떤 여성에게 "네 나이면 여자로서는 끝난 거 아니냐"라고 장난삼아 말해 상처를 주었다면 영혼은 이 상처를 기억하고 있다가 돌려받으려 하는 거지요. 그 상처가 어떤 모습으로 내게 돌아올지는 아무도 몰라요. 그래서 우리는 늘 자신의 입에서 어떤 말이 나가는지 살펴봐야 합니다.

'외모를 평가하는 말은 지긋지긋해. 듣기 싫어.'

내 외모를 평가하는 말을 듣는 순간 자동적으로 이런 부정적 생각이 떠오릅니다. 그런데 그런 말을 들을 때마다 매번 이런 부정적 생각을 품게 된다면 내게 득이 될까요? 아닙니다. 나는 점점 더 부정적인 사람이 돼요. 나만 괴로워집니다. 그래서 상대를 원망하거나 탓하는 건 상대에게 나의 운명을 맡기는 것과 마찬가지예요. 상대의 말이나 행동에 따라 내가 휘둘리게 되니까요. 모든 문제에 대한 답은 죄다 내 마음속에 들어있습니다. 바깥세상은 현실을 가장한 허상일 뿐이지요. 생각이 만들어낸 영화예요.

현실이라는 영화는 내 마음속을 들여다보는 거울입니다. 나 자신을 완전히 내려놓고 가만히 마음속을 들여다보세요. 나는 왜 사람들이 내 외모에 대해 평가를 할 때마다 휘둘리며 상처를 받게 될까요? 내 마음속에 어떤 생각이 들어있기에 남의 평가에 민감하게 반응하는 걸까요?

'남들에게 인정받고 싶다.'
'남들에게 높은 평가를 받고 싶다.'
'남들에게 사랑받고 싶다.'

받아들이기는 어렵지만 이런 생각들이 숨어있지 않습니까? 이런 욕심이 숨어있기 때문에 남들의 평가에 상처를 받는 겁니다. 이런 생각들이 '나'인가요? 아니에요. 누누이 말하지만 생각은 하루에도 수만 번씩 뒤바뀌어요. 어제 생각이 오늘 생각과 달라요. 그런데도 나는 이런 생각들을 '나'로 착각한 채 단단히 붙들고 있습니다. 이 생각들과 한 덩어리가 된 채 떨어질 줄 몰라요. 그러다 보니 남이 던지는 부정적 생각에 나도 부정적 생각으로 맞서게 돼요. 그 부정적 생각들이 내 마음속에서 뒤엉켜버리는 겁니다. 그뿐인가요? 남들이 나를 낮게 평가할 땐 절망하고 남들이 나를 높게 평가할 때 하늘로 날아오르게 돼요. 만일 내가 나의 외모에 대한 모든 생각을 완전히 놓아버린다면 어떻게 될까요? 맞아요. 남의 생각에 반응을 하지 않게 돼요. 남이 나의 외모에 대해 어떤 평가를 하든 자유로워지는 겁니다. 외모를 평가하는 사람은 자신의 입만 더럽힐 뿐이지요. 현실세계는 내 마음속에 도사리고 있는 모든 생각과 감정을 놓아주기 위해 설정된 영화이자 가상현실입니다. 내 상처를 만드는 건 남이 아니에요. 바로 내가 품고 있는 생각입니다.

누군가가 내 눈앞에 나타나 "네 나이면 여자로서는 끝난 거 아니냐"는 말을 던지는 순간 내 안에서는 어떤 감정이 솟아오를까요? 모멸감, 굴욕감, 수치심, 분노, 좌절감 등 온갖 부정적 감정이 솟아올라요. 내 안에 도사리고 있던 감정들이에요. 내가 외모에 대한 생각을 붙잡고 있기 때문에 일어나는 감정들이지요. 이 감정들이 일어나도록 잔인한 말을 해준 사람도 사실은 나 스스로가 설정해놓은 영화 속의 등장인물이에요. 생생한 현실로 철석같이 믿으면 너무나 상처가 큰 말이지만 사실은 나를 치유하기 위해 던지는

말입니다. 만일 그가 그런 잔인한 말을 던지지 않았다면 내 마음속에 숨어있던 부정적 생각이 그처럼 생생하게 마음의 표면 위로 떠오를 수 있었을까요? 상처를 건드리면 너무나 아프지요. 하지만 건드리지 않으면 치유할 수 없습니다. 그래서 누군가가 내 상처를 건드리면 '내게 치유의 기회가 왔구나!' 하고 받아들이는 게 좋습니다. 동시에 내 마음속을 들여다봐야 해요. 그럼 마음의 공간이 열리고 그 공간속에 떠오르는 생각을 바라보게 되지요.

'아, 내가 저 생각을 나로 착각하고 있었구나!'

내가 품었던 생각이 나가 아닌 걸 알아차리는 순간 그 생각은 나와 분리돼 사라집니다. 그리고 '진정한 나'는 생각이 아니라 무한한 공간에 흐르는 무한한 마음임을 깨닫게 돼요. 이렇게 내 마음속의 생각을 하나하나 놓아주어야 백지 같은 마음 상태가 됩니다. 그럼 나는 생각에 휘둘리는 존재가 아니라, 백지 위에 내게 필요한 생각을 자유로이 그려넣을 수 있는 진정한 창조자가 되는 거지요.

저는
26세 여성 직장인입니다

중견기업에 다니고 있습니다.

저는 직장에서 일하는 업무 시간보다 점심시간이 더 힘들어요. 점심시간만큼은 혼자 있고 싶고 제가 원하는 걸 먹고 싶은데 그러지 못하거든요. 사실 사소하다면 사소한 거지만 매일 치러야 하는 일이다 보니 사소하게 여겨지지가 않네요.

저희 회사는 구내 식당이 딱히 없어서 점심시간이 되면 회사 근처의 식당에서 밥을 먹어요. 그런데 여직원들끼리 갈 때도 있지만 대부분 부서 전체가 우르르 몰려가 다 함께 밥을 먹습니다.

제가 어리고 평사원이다 보니까 뭘 먹을지 선택할 권한이 없을 때가 많아요. 그래서 별로 좋아하지 않는 국밥 종

류를 먹어야 할 때도 많고 식당에 가서도 식사가 나오기 전에 수저를 놓고 물을 따라 놓아야 합니다. 제가 별로 먹고 싶지도 않은 것을 제 돈 주고 먹으면서 심부름까지 하는 게 기분이 좋진 않아요. 그런데 그보다 더 불편한 게 제가 밥을 늦게 먹는 거란 겁니다.

저는 식사를 좀 천천히 하는 편이고 뜨거운 음식일 경우에는 더해요. 그런데 남자들은 펄펄 끓는 국밥도 후다닥 잘 먹더라고요. 어떨 때는 제가 절반도 안 먹었는데 과장님 부장님은 식사를 거의 다 끝낸 경우도 많아요. 그럴 때는 눈치 봐서 저도 다 먹었다고 하고 일어나곤 하는데 양껏 먹지 못해서 오후 시간이 되면 배가 고프고 배가 고프니까 짜증도 좀 나요.

또 그냥 백반집에 가서 각자 먹고 싶은 것들을 시키면 자기 것은 자기만 먹었으면 좋겠어요. 동료나 상사들이 맛있어 보인다면서 한 젓가락씩 제 메뉴를 건드리면, 아까운 건 아니지만 지저분하다는 생각이 들어요. 제 찌개에 숟가락을 넣는 정도는 아니지만 그래도 먹던 젓가락으로 건드리는 거니 비슷하다고 생각해요. 만약 제 음식에 손을 댄 사

람이 남자일 경우에는 솔직히 더 지저분하게 느껴져서 밥
맛도 떨어지고요.

유난스럽다, 깔끔 떤다 라는 말을 듣기 싫어서 꾹 참고 사
람들과 점심을 먹고 있지만 진짜 점심만큼은 혼자 먹고 싶
어요. 밥 먹고 난 다음에 물 마시면서 입 헹구는 아저씨들
없는 곳에서요. 그래서 도시락을 싸올까 생각했지만, 그렇
게 하면 사회생활을 못한다라는 인상을 줄까 봐 시도를 못
하고 있어요.

또 점심을 먹고 나면 남은 시간은 산책을 하거나 커피를
마시면서 쉬고 싶은데 다 함께 움직이다 보니 그것도 어려
워요. 밥 먹고 사무실에 들어오면 양치한 다음 자리에 앉아
바로 오후 업무를 준비하는 분위기인데 저 혼자 빠지면 이
상하게 여겨지거든요.

점심시간은 1시간이고 그건 곧 휴식시간인데 그 시간에
쉬지 못하는 게 불편하고 억울하게 생각될 때도 있어요. 그
래서 가끔 약속이 있다고 거짓말을 하고 혼자 편의점에서
도시락을 먹고 커피숍에 가서 쉬다가 들어오곤 합니다. 그
것도 사무실에서 가까운 곳으로 가면 사람들 눈에 띄니까

한참 걸어가서 멀리 떨어진 곳을 이용해요.

온종일 함께 있는데 점심시간까지 동료, 상사들과 함께 해야 하나요? 그렇게 해야만 정말 사회생활을 잘하는 건가요? 저는 정말 모르겠어요.

왓칭 솔루션

앞서 '41세 15년 차 남성 직장인'의 사례에 답변하면서 우리 마음속에는 여러 자아가 있다는 말씀을 드린 바 있습니다. 이 여러 자아 가운데는 끊임없이 '남의 비위를 맞춰주는 자아(pleaser), 자신이 하고자 하는 바를 '밀어붙이는 자아(pusher)', 끊임없이 난 못났다고 생각하는 '비판적 자아(inner critic)', 상처받기 쉬운 '내면의 어린아이(inner child)'도 들어 있습니다.

이 많은 자아가 생각 에너지체들이에요. 이들 가운데 가장 힘센 자아가 우리 마음의 표면 위에 올라와 나인 양 행세하는 겁니다. 이런 사실을 알면 마음속 전체를 넓은 눈으로 들여다보게 되고, 어느 한 가지 생각에 끌려다니지 않게 돼요.

'아, 여러 자아 가운데 남의 비위를 맞추고자 하는 자아의 힘이 너무 강하구나! 그래서 남

의 눈치를 보게 되는구나!'

만일 내 마음속의 여러 자아 가운데 '밀어붙이는 자아'의 힘이 가장 세다면 나는 남의 눈치를 보지 않고 내가 하고자 하는 바를 강하게 밀고 나가게 됩니다. 사회적으로 성공한 사람들은 대개 '밀어붙이는 자아'가 강한 사람들이에요. 그렇다고 이런 사람들이 반드시 행복한 건 아닙니다. 왜냐하면 '밀어붙이는 자아'가 강할수록 억눌린 다른 자아들이 상처를 받고 마음속에 도사리고 있으니까요.

그렇다면 '진정한 나'는 누구일까요? 수많은 생각 덩어리들을 '나'라고 할 순 없어요. 그 생각 덩어리들을 품고 있는 내 마음이 나인 거지요. 내 마음은 이 모든 자아를 멀리서 넓은 시야로 지켜보는 관찰자(observer, watcher)입니다.

관찰자는 무한한 마음 자체이기 때문에 어느 한 자아와 동일시하지 않아요. 마음속에서 서로 싸우는 여러 자아를 가만히 바라보면서 어느 때 어떤 자아가 나서는 게 좋은지 이끌어줄 뿐이지요. 관찰자의 입장에 서면 평소 들리지 않던 목소리도 들을 수 있어요.

'혼자 점심 먹고 산책하고 싶다.'

이 생각은 '나만의 시간, 나만의 공간을 갖고 싶다'는 영혼의 울림이에요. 원래 무한한 사랑이 흐르는 무한한 공간에 살던 영혼이 몸뚱이라는 작은 공간에 갇혀있으니 얼마나 답답하겠습니까? 그래서 이따금 이런 목소리를 내는 겁니다. 그 목소리를 존중해주세요.

저도 7년 전쯤 왓칭을 시작하면서부터 직장에서 '혼자 점심 먹고 산책하고 싶다'는 목소리를 들었어요. 그래서 그 목소리를 존중해줬지요. 처음엔 며칠에 한 번씩 혼자서 점심을 먹었습니다. 물론 '남들이 어떻게 생각할까?', '남들이 외톨이라고 무시하면 어떡하지?' 하는 생각도 들었어요. 그

래서 일부러 좀 멀리 떨어진 곳에 가서 먹기도 하고 점심시간이 끝난 오후 1시 반쯤 혼자 가서 먹기도 했지요. 그러면서 혼자만의 시간이 훨씬 더 생산적으로 쓰일 수 있다는 사실을 알았고, 남들의 시선이 그리 중요한 게 아니라는 사실도 알게 됐습니다. 점심을 먹고 나선 산책도 하고요.

혼자 점심을 먹으면서 남들의 눈을 의식하는 생각이 들면 '내 마음속에 남의 시선을 의식하는 생각이 들어있구나' 하고 마음속을 들여다보았어요. 그럼 그 생각과 나 사이에 거리가 생기고, 거리가 생기면 생각은 나와 분리되었어요. 분리된 생각은 넓은 공간으로 사라지곤 했습니다. 점심을 먹으면서도 자연스럽게 왓칭을 하게 됐던 거지요.

직장은 돈만 버는 곳이 아닙니다. 인생의 학습장이기도 해요. 그래서 시각만 바꾸면 나 자신을 끊임없이 갈고 닦는 장소가 됩니다.

저는 중학교 3학년 말까지 농촌에서 자라며 자유시간이 거의 없었어요. 틈만 나면 농사일을 거들어야 했으니까요. 그래서 비 오는 날을 좋아했습니다. 비 오는 날엔 농사일을 못 하니 자유시간이 보장됐거든요.

직장에 들어와서도 처음엔 무척 바빴지요. 하지만 일을 마치고 나면 자유시간이 생겨서 너무나 좋았습니다. 저는 그 시간을 최대한 나를 갈고 닦는 데 사용했어요. 궁금했던 분야의 책도 보고, 맘대로 듣지 못했던 영어 방송도 들어보았습니다. 점점 지식이 쌓이면서 나중엔 책도 쓰기 시작했지요. 처음엔 영어 학습책을 썼다가 건강 상식에 관한 책을 썼습니다. 그러다가 세계사와 위인들에 대한 책들을 썼어요. 그 뒤로는 심리학에 대한 책을 쓰고, 천재들에 대한 책, 그리고 마지막으로는 영적 분야에 파고들기 시작해 현재에 이르렀습니다.

직장이 나의 전부는 아니에요. 직장은 바뀔 수도 있고 사라질 수도 있습니다. 직장이 내 인생의 전부라 여기면 거기에 매달리게 돼요. 시야가 아주 좁아집니다. 점심을 먹는 것처럼 아주 작은 일에도 상처를 받아요. 시야가 좁아지면 마음의 공간도 몸으로 작아져요. 온갖 스트레스가 몸에 쌓일 수밖에 없습니다.

언젠가 제가 진행하는 라디오 뉴스 프로에 바람피운 남편 때문에 자살을 시도했던 주부의 이야기가 소개된 적 있어요. 그 주부는 남편이 인생의 전부인 양 살아왔습니다. 그런데 그 남편이 결혼 30년 만에 바람을 피운 거예요. 그 주부에겐 세상이 무너질 일이었지요. 그래서 급기야 자살까지 생각했던 겁니다. 하지만 그건 좁은 시야에 갇혀있기 때문에 일어난 감정이에요. 시야를 넓혀보면 남편이 인생의 전부는 아니거든요. 뒤늦게라도 얼마든지 다른 삶을 찾을 수 있는 겁니다. 스스로 자유를 구속할 필요는 없는 거예요.

마찬가지로 직장도 인생의 수많은 학습장 가운데 하나입니다. 학습장은 언제든지 바뀔 수 있다는 마음가짐으로 준비를 갖춰놓고 살아야 해요. 제가 일하는 방송국에는 2년 계약직으로 들어오는 사원들이 많습니다. 저는 그들에게 이런 당부를 해요.

"계약직에서 벗어날 준비를 갖춰놓아라. 준비를 갖추고 있으면 반드시 기회가 온다."

실제로 저와 함께 계약직으로 일하던 여러 사원이 더 좋은 직장을 찾아 떠났습니다. 준비를 갖춰놓고 있으면 마음도 편안해지고 당당해집니다. 또 마음의 공간에 여유가 생기면 직장에서 일어나는 온갖 스트레스도 내 작은 마음에 갇히지 않습니다. 넓은 공간으로 자유로이 풀려나기 때문이지요.

당신의 빛 안에서
우리는 빛을 보나이다

명상에 나를 맡기는 시간이 늘어갈 때, 어느 날부터 제 눈 앞에 선명한 '빛'이 나타나는 걸 보기 시작했습니다. 흔히 '신비체험'이라고 하는 것입니다.

너무나 아름다운 비취색 띠가 나를 둘러싸기도 하고, 커다란 황금색 고리들이 머리 위에서 춤을 추기도 했습니다. 황홀한 연보라빛 덩어리가 내 이마를 향해 회오리쳐 들어왔다 나가기도 했습니다.

명상을 하다 보면 신비체험을 하는 경우가 종종 있다고 합니다. 종교를 기반에 두고 하는 명상이라면 그 신비체험은 종교적 신념을 더욱 두텁게 만들어 줄 것입니다. 반면 스승들은 이러한 신비체험을 너무 중히 여길 필요는 없다고 하셨습니다. 때에 따라 중요할 수도 있고 중요하지 않을 수도 있다는 의미일 것입니다.

저는 저의 체험을 '진정한 나'를 찾아가는 소중한 이정표로 삼았습니다. 내 마음이 고요해지면 나는 빛 세계에 들어갑니다. 무한한 사랑과 평화가 흐르는 곳입니다. 반면, 내 마음이 온갖 시끄러운 생각으로 가득하면 나는 물질세계에 빠져듭니다. 상처와 고통이 일어나는 곳입니다.

어느 날 새벽, 부엌 싱크대 옆 물 사발에 들어있는 어머니의 틀니를 보고 어머니의 슬픔을 느낀 적 있습니다. 몸을 지닌 누구나 겪어야 하는 슬픔이지요. 하지만 틀니가 어머니가 아닌 것처럼 팔다리도, 심장도, 두뇌도 '진정한 나'는 아닙니다.

몸의 70%는 물입니다. 나머지 30%는 음식으로 만들어진 살, 근육, 뼈입니다. 말하자면 몸은 물과 음식으로 만들어진 것이지요. 그래서 우리 몸은 물과 음식을 끊임없어 집어넣어야만 그 모양이 유지되지 않습니까? 그렇다면 우리 몸에서 물과 음식을 몽땅 빼내 버리면 뭐가 남을까요? 그렇습니다. 아무것도 남지 않습니다. 오로지 텅 빈 공간만 남습니다. 이 텅 빈 공간에 흐르는 마음이 '진정한 나'입니다.

마음은 아무 경계가 없습니다. 물질세계는 이 무한한 마음이라는 스크린 위에, 생각이라는 필름이 돌아가면서 상영되는 영화입니다. 생각만 내려놓으면 빛과 사랑이 흐르는 고요하고 무한한 공간일 뿐입니다.

물질세계는 생각으로 가려진 어둠의 세계입니다. 생각 자체가 시한부이기 때문에 생각이 만들어낸 모든 것들도 시한부 생명을 살아갑니다. 그래서 필연적으로 슬픔과 상처가 생깁니다. 빛의 세계는 슬픔과 상처에서 벗어난 사랑과 치유의 세계입니다. 사랑은 모든 것을 치유하고 새로 태어나게 합니다.

'상처받은 사람은 위험하다'는 영화 〈데미지〉의 대사가 떠오릅니다. 왜 위험할까요? 상처를 몸속에 가둬놓기 때문입니다. 내 몸이 나의 전부라 믿으니 자연히 상처가 내 몸속에 갇혀버릴 수밖에 없는 거지요. 내 몸에 갇힌 상처도 아픔을 느낍니다. 그래서 내 몸을 흔들어대는 겁니다. 내 몸이 나의 경계선이 아닙니다. 나의 경계선은 내가 상상하는 대로 끝도 없이 넓어지는 무한한 마음입니다. 이 간단한 사실을 제대로 이해하는 것 자체만으로도 갇혀있던 상처는 풀려납니다. 내가 사랑받을 권리를 갖고 태어나듯, 상처도 치유 받을 권리를 갖고 태어납니다.

상처를 존중해주어야 합니다. 자유를 찾아 떠나도록 마음의 공간을 넓혀주어야 합니다. 그 공간 속에 흐르는 빛과 사랑의 품속에서 치유와 안식을 얻도록 헤아려주어야 합니다. 마음속에 가둬놓은 모든 상처를 치유하고 영원한 빛의 공간으로 돌아가는 것이 우리가 태어난 목적입니다.

지금 우리는 누구라 할 것 없이 상처받기 쉬운 시대를 살고 있기에 우리는 더불어 빛을 만날 수 있는 길로 가야 합니다. 끝까지 읽어 주신 독자 여러분들이 마침내 빛으로 향하는 길 앞에 서게 되길 바랍니다.

사진제공
연합뉴스, 토픽 이미지스, 셔터스톡   .

직장인을 위한 왓칭 수업
내 상처를 치유할 권리

1판 1쇄 발행 2016년 12월 5일
    6쇄 발행 2021년 6월 25일

지은이 김상운

발행인 주정관
발행처 움직이는서재
출판등록 제2015-000081호

주소 서울특별시 마포구 양화로 7길 6-16 서교제일빌딩 201호
주문 및 문의 전화 (02)332-5281 │ 팩스 (02)332-5283

ISBN 979-11-86592-37-3   03190